아이디어를 넘어 하이디어로,
반걸음 앞선 발걸음이 당신을 성공으로 이끕니다.

_____ 님께

_____ 드림

하이디어로 세상을 사로잡아라

2012년 5월 9일 초판 1쇄 발행
지은이 · 이승준

펴낸이 · 박시형
책임편집 · 권정희, 이혜진
경영총괄 · 이준혁
마케팅 · 권금숙, 장건태, 김석원, 김명래, 탁수정
경영지원 · 김상현, 이연정, 이윤하
펴낸곳 · (주)쌤앤파커스 | 출판신고 · 2006년 9월 25일 제313-2006-000210호
주소 · 서울시 마포구 동교동 203-2 신원빌딩 2층
전화 · 02-3140-4600 | 팩스 · 02-3140-4606 | 이메일 · info@smpk.kr

쌤앤파커스(Sam&Parkers)는 독자 여러분의 책에 관한 아이디어와 원고 투고를 설레는 마음으로 기다리고
있습니다. 책으로 엮기를 원하는 아이디어가 있으신 분은 이메일 book@smpk.kr로 간단한 개요와 취지, 연
락처 등을 보내주세요. 머뭇거리지 말고 문을 두드리세요. 길이 열립니다.

하이디어로
세상을
이승준 지음
사로잡아라

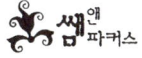
쌤앤
파커스

1장 High + Idea
지금은 **하이디어** 시대

Unique high-idea
나만의 **독특함**으로 승부수를 던진다

성공의 열쇠,
아이디어가 아닌 하이디어에 있다

모처럼 지인들과 만나 삼겹살에 소주 한잔 하다 보면 소주잔과 함께 이런 말들이 돈다. "멋진 아이디어만 있으면 돈 댈 사람들은 무지하게 많은데 괜찮은 아이템이 없어서 고민이야.", "회사에서 신규 사업을 준비하고 있는데 좋은 아이디어 어디 없나? 아이팟이나 아이튠즈, 구글 애드센스처럼 남들이 시도하지 않은 새로운 걸로 말이야."

아이팟이나 아이튠즈 같은 대박 아이디어가 술자리에서 갑자기 튀어나올 리 만무하지만, 그런 아이디어가 나온다면 정말 멋지지 않겠는가?

그런데 잠깐, 한번 생각해보자. 사람들이 찾아 헤매는 멋진 아이디어란 과연 무엇일까? 기존 방식과는 다른, 그러면서도 듣는 순간 무릎을 탁 치게 만드는 기발한 아이디어? 아니면 왕래가 잦은 노루목을 차지하고 앉아 있으면 돈이 저절로 굴러들어오는 아이템을 말하는 것일까?

뛰어난 경영 컨설턴트이자 작가인 조안 마그레타는 좋은 비즈니스 모델에 대해 이렇게 정의하고 있다. "좋은 비즈니스 모델이란 인간의 동기에 대한 통찰을 바탕으로 수익의 흐름을 이끌어내는 것이며, 마치 새로운 이야기를 쓰는 것과 같다."

그녀의 충고처럼 좋은 비즈니스 모델을 기획하는 것은 어쩌면 새로운 스토리를 만들어내는 것과 같다고 할 수 있다. 작가가 좋은 글을 쓰기 위해서는 많은 작품을 읽어야 하는 것처럼, 좋은 비즈니스 모델을 만들기 위해서는 다양한 경험과 전문적인 지식, 그리고 성공한 비즈니스 모델을 벤치마킹하는 작업이 필요하다.

그렇다면 새로운 비즈니스 모델의 출발은 어디서부터일까? 아마도 일상에서 부딪히는 크고 작은 일에서 떠오르는 기본적인 아이디어에서부터 시작할 것이다. "이건 왜 이렇게 불편하지? 이걸 이렇게 고치면 사람들이 엄청 좋아할 텐데…." 또는 "이런 제품이 나온다면 얼마나 좋을까?" 하면서 말이다.

이런 초보적인 아이디어를 사업적인 시각에서 좀 더 발전시킨 개념을 이 책에서는 '하이디어'라고 부른다. 하이디어는 'High+Idea'의 합성어로 아이디어보다 더 발전된, 비즈니스 모델 이전 단계의 개념이라 할 수 있다. 비즈니스 모델이라기엔 부족하지만 아이디어보다 훨씬 구체적이어서, 어떤 아이디어가 성공 가능성이 있는지 없는지 사업적인 관점에서 따져볼 때 반드시 필요한 개념이다.

'먼저 돌을 던져놓고 길을 물어라!'
스마트 시대에 필요한 '투석문로投石問路' 정신

스마트폰, 스마트패드, 스마트TV, 스마트 워크… 지금은 바야흐로 스마트 시대다. 스마트 시대의 특징은 명칭 그대로 과거보다 더 똑똑하고 편리하다는 것이다. 스마트 시대에는 누가 먼저 아느냐, 또는 누가 많이 아느냐보다 '누가 먼저 하느냐'가 중요하다. '스마트'라 하니 발상의 중요성에 밀려 자칫 실행의 중요성을 간과하기 쉽지만, 스마트 시대에야말로 과감히 실행에 옮기는 용기가 있어야 성공할 수 있다. '먼저 돌을 던져놓고 길을 묻는다'는 투석문로의 정신이 필요한 것이다.

생각해보라. 오프라인 시대에는 이런 개념이 절대 환영받지 못했다. 특히 제조 산업은 시설투자에 많은 비용이 투입되기 때문에 철저한 시장조사와 구체적인 사업계획 없이 사업을 시작했다가는 돌아오는 손실이 너무 컸다. 하지만 스마트 시대는 다르다. 이미 시장생태계가 조성돼 있는 스마트 산업은 별다른 시설 투자 없이 노트북PC 하나로 시작할 수 있고, 비록 실패한다고 해도 손실이 비교적 크지 않다.

예를 들어 태블릿PC에 특화된 디지털 매거진을 창간한다고 해보자. 편집장과 기자, 디자이너 등 3~4명이 일할 수 있는 사무공간과 노트북PC만 있으면 된다. 사진은 DSLR 카메라로 기자가 찍으면 되고 개발과 광고 영업은 전문 업체에 외주를 주면 된다. 과거에는 잡지를 만들려면 취재기자, 사진기자, 디자이너, 광고영업 사원은 물론 인쇄 업체, 배송 업체 등 많은 인력과 자금이 필요했지만 스마트 시대에는 전문 지식과 열정만 있다면 적은 자본으로도 누구나 비즈니스를 시작할 수 있다. 요즘 대한민국의 이슈메이커로 급부상한 유명 팟캐스트 프로그램들의 장비가 얼마나 초라(?)한지 보라.

매력적인 사업 아이디어가 있는데 이를 비즈니스 모델로 구상하고 사업 계획안을 작성하는 데 6개월, 1년이 걸렸다면? 아마 누군가가 먼저 시작했거나 하고 있을 확률이 크다. 그렇기 때문에 스마트 시대에 적합한 좋은 아이디어가 떠올랐다면 이를 발전시켜 '하이디어'로 구상하고, 사업적인 관점에서 꼭 필요한 부분만 검토한 다음 확신이 서면 실행에 옮기는 행동력이 필요하다.

물론 하이디어는 비즈니스 모델이라기에는 부족한 점이 있다. 그렇더라도 사업 시작 전에 검토해야 할 주요 포인트는 다 들어가 있어야 한다. 과연 아이디어가 하이디어가 되기 위해서는 무엇을 점검해야 할까?

아이디어가 하이디어로 진화한 다음 비즈니스 모델 대륙으로 가기 위해서는 하이디어 대륙에 있는 두 개의 큰 봉우리를 넘어야 한다. 하나는 '감성의 봉우리', 다른 하나는 '융합의 봉우리'다.

감성이란 인간의 뇌로 따지면 우뇌에 해당한다. 우뇌는 음악을 듣거나 그림을 보거나 이미지를 떠올리는 뇌의 기능을 관장한다. 감성이 풍부한 사람은 남들이 그냥 스쳐지나가는 것에서 새로운 것을 발견해낸다.

그렇기에 새로운 사업을 구상하는 첫 단계는 다른 사람들이 불편해하는 것이 무엇인지 찾아낸 다음 이를 제거하는 것에서부터 시작한다. 사업계획서를 작성할 때 환경 분석이나 선진사례 분석을 하는 이유도 시장 환경의 변화와 기업의 사례에서 다른 이들이 놓친 새로운 비즈니스 기회를 발견하기 위해서다.

감성역량이 뛰어난 사람은 변화하는 환경 속에서 남다른 아이디어를 잡아채고 이를 사업화하는 데 재능을 가지고 있다. 고인이 된 애플의 전 CEO 스티브 잡스가 그 대표적 인물이다. 스마트폰과 태블릿PC를 처음 만들어내지는 않았지만, 기존에 출시된 스마트폰과 태블릿PC에서 사람들이 불편해하는 점을 귀신같이 찾아내 이를 보완한 아이폰과 아이패드로 세계 시장을 장악했다.

그런가 하면 융합이란 좌뇌에 가깝다. 좌뇌는 말을 하거나 듣고, 계산하는 등의 논리적 기능을 관장한다. 교과 과목으로 치자면 수학, 물리, 화학, 생물 등의 과목이 이에 해당된다. 융합은 감성역량이 찾아낸 아이디어를 논리적으로 발전시키고 이를 바탕으로 수익 모델을 구상하는 데 필요한 역량이다. 감성의 봉우리에서 사람들이 가진 아픔을 발견하고 이를 사업화하는 데 성공했다면, 융합의 봉우리에서는 사업을 유지하기 위한 전략과 수익흐름의 체계를 만든다.

융합역량이 뛰어난 경영자로는 아마존닷컴의 CEO 제프 베조스를 들 수 있다. 아마존은 겉으로는 온라인 유통 회사지만 그 속을 들여다보면 기술집약적인 테크놀로지 회사에 더 가깝다. 유통회사가 아닌 유통을 지원하는 IT 플랫폼 회사로 변신하는 데 성공한 것이다. 베조스는 정교한 물류시스템과 배송시스템을 통해 아마존의 혁신을 이뤄냈고, 디테일한 데이터베이스 마케팅으로 고객들의 마음을 사로잡았다. 또한 클라우드 컴퓨팅의 효시인 아마존 웹 서비스AWS를 비롯해 S3Simple Storage Service, EC2Elastic Compute Cloud, SQSSimple Queue Service, Simple DB 등을 통해 IT 시장의 패러다임을 바꿔놓았다.

중소기업들은 아마존 웹 서비스를 이용해 DB, 스토리지 등 IT 서비스

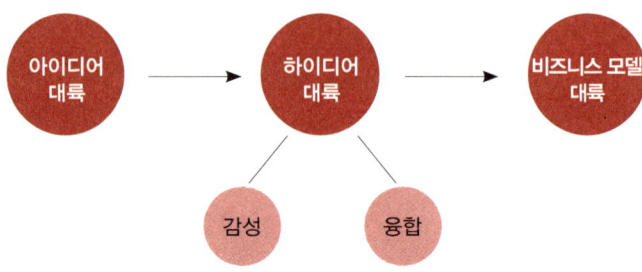

에 대한 대규모 투자 없이도 저렴한 비용으로 사업을 시작할 수 있게 되었고, 비즈니스 수요에 즉각 대응할 수 있는 IT 인프라 서비스를 손쉽게 사용할 수 있게 됐다.

이처럼 감성과 융합의 봉우리가 있는 하이디어 대륙 횡단에 성공하면 평범한 아이디어를 가지고도 얼마든지 돋보이는 사업 모델을 만들 수 있다. 반면 하이디어 대륙을 우회하거나 감성과 융합의 봉우리를 거치지 않은 사람들은 운 좋게 비즈니스 모델 대륙에 상륙했다고 해도 거친 폭풍우와 험난한 지형에 놀라 좌초될 확률이 매우 높다.

하이디어 대륙은 아직 사람들의 발걸음이 닿지 않은 신대륙으로 상상력과 창의력, 새로운 이야기와 놀라움, 재미와 감동이 있는 공간이다. 감성과 스토리의 세계인 하이디어 세상은 논리나 이성의 눈이 아닌 상상력과 호기심의 프리즘으로 들여다봐야만 보이는 신대륙이라 할 수 있다.

여기서 '호기심'은 하이디어 세상에 들어가기 위한 일종의 여권이다. 호기심이 없으면 하이디어 세상에 도착해도 별 재미를 느낄 수 없다. 반면 호기심이라는 여권을 가지고 '왜'라는 선글라스를 낀 여행자들은 하이디어 세상에서 놀라운 경험을 하게 될 것이다.

그렇기에 성공한 비즈니스 모델을 보면 누군가의 '호기심'에서부터 출발한 경우가 많다. 여행자 수표도 바로 이런 과정에서 만들어지게 됐다. 1891년 유럽에서 휴가를 보내던 아메리칸익스프레스사의 사장 제임스 콩델 파고는 신용장을 현금으로 전환하는 데 애를 먹었다고 한다. 미국으로 돌아오는 길에 그는 생각했다. '사장인 내가 이 정도로 어려움을 겪었는데 일반 여행객들은 얼마나 불편할까?' 그는 이러한 불편함을 지나치지 않고 회사에 돌아온 후 여행자수표를 고안했다. 여행자수표의 탄생으로 여행객들은 좀 더 편리하게 여행을 즐길 수 있게 되었고, 그 결과 장거리 해외여행이 발달하기 시작했다.

'O.P.U.S',
성공하는 하이디어의 4가지 키워드

이 책에서 소개하는 하이디어 모델의 대부분은 내가 지난 2년간 SERI CEO www.sericeo.org에서 진행한 동영상 강의 '비즈니스 모델 세상'에서 소개한 내용을 선별 정리한 것이다. SERI CEO가 대한민국 경영자를 위한 아이디어 발전소 역할을 해온 것처럼, 이 책도 회사에서 신규 사업을 준비하는 기획자나 자신만의 새로운 비즈니스를 준비하는 분들께 영감을 제공했으면 좋겠다. 또한 열심히 사업을 하다 뭔가 잘 풀리지 않을 때, 가끔씩 들여다보며 힌트를 얻을 수 있는 사전과 같은 역할을 했으면 한다.

O	Ordinary	평범함에서 '와우wow!'를 발견하다
P	Platform	플랫폼이 곧 하이디어다
U	Unique	나만의 독특함으로 승부수를 던진다
S	Switch	비즈니스 참여자의 역할을 바꾼다

이 책은 6장으로 구성돼 있다. 1장은 기초 단계다. 여기서는 하이디어의 개념에 대해 정의하고 하이디어가 아이디어와 어떤 점에서 차별화되는지 소개한다. 그리고 다양한 사례를 통해 성공한 사업 모델의 공통점이 무엇인지 설명하고 이를 통해 새롭게 비즈니스를 시작하려는 분들이 참고할 만한 시사점을 제시했다.

2장부터 5장까지는 다양한 하이디어 사례를 감성과 융합역량으로 풀어내 소개했다. 세상에서 가장 '핫한' 비즈니스 성공 모델로 꼽히는 사례 39개를 통해, 단순한 아이디어를 대박 아이템으로 탈바꿈시켜 세상의 눈과 귀를 사로잡은 그들만의 차이가 무엇인지 살펴볼 것이다.

이 책에서는 그 차이를 각각 'O.P.U.S'라는 4가지 키워드로 분류했다. O.P.U.S란 'Ordinary', 'Platform', 'Unique', 'Switch'의 첫 글자를 딴 약어이면서 단어 자체로는 '작품'이라는 뜻이기도 하다. 평범하면서, 서로 다른 누군가를 연결하고, 독특하면서도, 작은 것을 크게 전환시키는 하이디어의 4가지 유형이다.

가급적 다양한 분야를 소개하려 했으나, 최신 사례를 중심으로 다루다 보니 온라인과 모바일에 뿌리를 둔 사례가 상대적으로 많다. 요즘 주목받는 사업 모델 중 대부분이 온라인과 모바일에 기반한 것이고, 하이디어 모델이 스마트 시대에 적합한 부분이 많아 이와 관련된 내용을 많이

다룰 수밖에 없었다. 이 점에 대해 독자 여러분의 양해를 부탁드린다.

　말콤 글래드웰은 작은 아이디어를 커다란 트렌드로 만들어내는 매개체를 '티핑 포인트tipping point'라 명명했다. 또 다른 이는 물이 끓기 시작하는 지점을 일컫는 '임계점'이라는 용어로 급격한 국면전환이 이루어지는 상황을 설명한다. 하이디어도 같은 맥락에서 생각할 수 있다. 아무리 아이디어가 참신하다 해도, 그것이 실제 사업 아이템으로 이어져 수익을 낳기 위해서는 99℃의 물을 1℃ 더 높이는 노력이 필요하다. 이러한 노력이 없다면 성과가 나오지 않는 것은 물론, 99℃까지 끌어올리느라 들인 노력과 시간과 비용만 낭비하게 될 뿐이다. 즉 하이디어가 없다면 투자 대비 성과는 '0'이 아니라 오히려 마이너스라는 뜻이다.

　구슬이 서 말이라도 꿰어야 보배라고 했다. 하이디어는 당신의 반짝거리는 아이디어를 엮어 보배로 만들어줄 '실'이다. 이 책에서 영감을 얻어 당신의 아이디어를 하나씩 꿰어가기 바란다. 그래서 세상을 사로잡을 빛나는 보배를 탄생시키기를 바란다.

　자, 시작해보자.

이승준

High + Idea

성공하는 비즈니스를 위해서는 아이디어로는 부족하다. 지금 떠오르는 아이디어가 있다면 하이디어 프로세스에 따라 자신의 아이디어를 발전시켜보자. 유니크한 아이디어에 감성

역량과 융합역량을 가미해 탄생시킨 하이디어로 충분한 수익을 내는 사업 머델을 구상할 수 있을 것이다.

1장

지금은 **하이디어** 시대

하이디어란 무엇인가?

"무슨 좋은 아이디어 없어?"

우리는 신선하고 획기적인 아이디어를 끝없이 열망하지만, 언제나 이에 갈증이 나는 '아이디어 부재 시대'에 살고 있다. 직장에서, 학교에서 무수히 많은 아이디어 회의를 하지만 그 결과는 신통치 않다. 그럴 때마다 상사는 왜 쓸 만한 아이디어가 없냐고 회의석상에서 소리를 지르고, 학생들은 기말과제를 앞두고 아이디어의 빈곤 속에서 괴로워하며 쓰디쓴 커피를 벌컥벌컥 위에 쏟아붓는다. 기발한 아이디어가 있다면 억만금을 주고서라도 끌어오고 싶은 심정이다.

그렇다면 '아이디어idea'란 정확히 무엇일까? 무엇이기에 우리가 그토록 찾아 헤매는 것일까? 먼저 사전적 정의부터 살펴보자.

넓은 뜻으로는 의견·신념·설계·도식圖式·암시·사고를 포함한다. 철학에서 쓰이는 그리스어 이데아와 근본이 같다. 최근에는 상업·경영 용어로서, 활동을 발전시키고 충실하게 하는 창의와 착상着想 전반을 가리키게 되었다.

아이디어가 요구되는 대상영역은 작업방법·기계설비장치를 비롯해 광고·선전·판매 등 경영활동 전반에 미치며, 특히 새로운 제품개발이나 대對시장활동에서 결정적 중요성을 지닌다. 성능이 좋고 안정성이 있으며 가격이 싸고 실용적이어서 고객의 구매욕을 일으키는 상품이나, 고객의 관심을 끄는 판매방법 등은 아이디어가 가져다주는 성과다. 경영활동의 우열은 아이디어에 의해 좌우된다는 것도 납득할 만한 충분한 이유가 있다. 최근의 경영에서는 종업원 전원 또는 사외社外로부터, 경우에 따라서는 현상을 낸다거나 기타 여러 방법에 의해 조직적으로 아이디어를 공모하는 경향이 강하다.

(출처 : 두산백과사전)

'idea'의 어원은 '본다'는 뜻의 그리스어 'idein'으로, '보여지는 것 자체', '형상'이라는 뜻으로 쓰인다. 이렇게 어원을 따지고 보면 결국 아이디어란 '무언가를 바라본다'는 것에서 출발한다. 그런데 문제는 대부분의 사람들이 무엇을 봐야 할지 모른다는 사실이다.

길 가는 사람을 쳐다보자니 이상한 사람 취급받기 쉽고, 그렇다고 가만히 있는 돌이나 나무를 바라보고 있으려니 잡생각만 들고 눈도 아프다. 어쩌면 무언가를 바라본다는 것은 지금 눈앞에 있는 실체가 아니라,

'눈에 보이지 않는' 무언가를 바라봐야 한다는 뜻은 아닐까? 보이지 않는 것을 바라보라니? 철학적인 질문이다. 불교의 선문답 같기도 하다.

　나는 철학자는 아니지만, 한번 곰곰이 생각해보았다. 우리 눈에 보이지 않는 것 가운데 가장 중요한 게 무엇일까? 그것은 사람의 마음속 아닐까? 그중에서도 특히 누군가의 도움이 필요한 마음에 주목해야 할 것이다. 즉 보이지 않는 것을 보라는 말은 '사람들의 마음속에 숨어 있는 아픔, 불만, 애절함을 들여다보라'는 뜻이라고 생각한다. 굳이 말은 하지 않지만 누가 톡 하고 건드려주면 툭 하고 터지는, 마음속에 숨겨진 일종의 '감성의 보물상자'를 찾아보라는 말 아닐까? 진정한 아이디어 발굴의 고수는 사람들의 마음속에 숨겨져 있는 아픔, 불만, 애절함 등이 담긴 상자를 찾아내는 사람일 것이다.

스위트 스팟

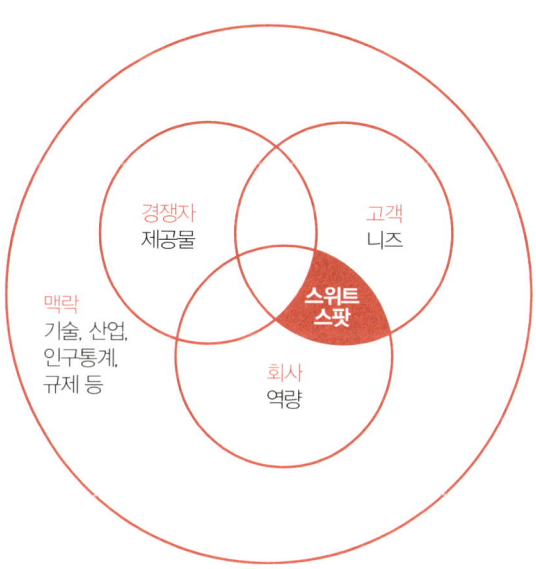

감성의 보물상자는 '스위트 스팟sweet spot'이라고도 불린다. 원래 라켓이나 배트에 공이 맞았을 때 가장 잘 날아가는 최적지점을 뜻하는 말인데, '고객이 말하지는 않지만 진심으로 필요로 하는 내재 욕구'를 뜻하는 비즈니스 용어로도 쓰인다.

스위트 스팟을 발견하는 능력은 사업가나 비즈니스 모델 기획자에게 매우 중요한 자질이다. 이를 위해서는 사람들이 요즘 뭘 재미있어하고 좋아하는지, 또는 뭘 싫어하는지 아는 '감感'이 있어야 한다. 그러나 단순히 알고 있는 것만으로는 부족하다. 고객이 원하는 바를 파악하고, 이를 우리 회사의 역량으로 충족시켜줄 수 있을 때 비로소 스위트 스팟을 발견했다고 할 수 있다. 앞의 표를 보면 이러한 고객의 니즈와 회사의 역량의 교차지점이 바로 스위트 스팟임을 알 수 있다. 여기에 경쟁사에서 아직 손을 뻗치지 않았어야 한다는 조건도 충족되어야 한다.

하지만 스위트 스팟을 찾아 남다른 아이디어를 발견했다고 해서 바로 비즈니스에 착수할 수는 없다. 앞서도 언급했듯 좋은 아이디어는 성공하는 비즈니스 모델의 필요조건이지만, '좋은 아이디어=사업의 성공'은 아니기 때문이다. 아이디어 자체가 아직 다듬어지지 않은 날것raw이기에 그렇다. 좋은 아이디어는 문화예술, 사회과학, 공학 등 모든 분야에서 꼭 필요한 것이지만 비즈니스 세상에 들여오기 위해서는 보완해야 할 부분이 너무 많다.

반면 하이디어는 날것에 가까운 아이디어를 다듬고 익혀 만들어낸 맛깔스러운 요리다. 비즈니스에 적합한 창의적 아이디어이자, '유니크한 아이디어에 꼭 필요한 사업 모델의 구성요소를 가미한 집합체'다.

우리는 흔히 좋은 아이디어만 있으면 대박이 터지는 비즈니스를 만들

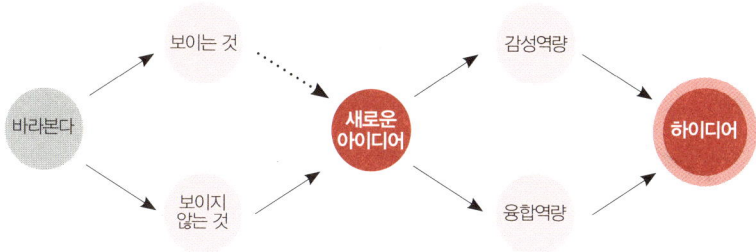

어낼 수 있다고 하지만 이는 잘못된 생각이다. 아니, 어떻게 보면 위험천만한 생각일 수 있다. 익지 않은 날것 그대로의 아이디어를 마구 삼켰다가는 배탈이 나거나 생사의 기로에 서게 될 수도 있다.

그렇다면 어떻게 아이디어를 하이디어로 바꿀 수 있을까? 아이디어가 하이디어로 진화하려면 2가지 역량이 필요하다.

첫 번째는 감성역량이다. 한마디로 '사람들의 마음속에 있는 아픔을 들여다볼 줄 아는 능력'이다. 일반적으로 사람들은 무언가 불편한 것이 있어도 남에게 잘 털어놓지 않는다. 하지만 누군가 이러한 불편을 해소해준다면 열광한다.

감성역량은 사실 본인이 직접 겪어보지 않고서는 발휘하기 쉽지 않다. 그러나 모든 일을 직접 겪어보는 건 불가능한 일. 그렇기에 자신이 경험하지 못한 일이라도 그 마음을 헤아릴 줄 알고 공감하고 이해하며 받아들일 줄 아는 여유와, 주위에서 발생하는 수많은 현상을 쉽게 지나치지 않고 다시 한 번 살펴볼 줄 아는 세심함이 필요하다.

그렇다면 비즈니스 세상에서 필요한 감성역량을 키우기 위해서는 어떻게 해야 할까? 이를 위해서는 3가지 요소를 갖춰야 한다. 내가 생각한 아이디어가 제품이나 서비스로 만들어졌을 때 주요 고객은 누구인지, 충분한 시장 규모가 되는지, 고객에게 제공할 수 있는 가치는 무엇인지 정의하는 일이다. 이를 정리하면 다음과 같다.

> 감성역량 = 고객의 마음을 들여다볼 줄 아는 능력
> (주요 고객 × 시장 규모 × 고객가치)

1. **주요 고객** : 감성역량을 구성하는 가장 중요한 요소로, 내가 생각해낸 상품이나 서비스를 필요로 하는 고객이 누구인지 정의하는 것이다. 고객은 비즈니스에서 가장 중요하고 기본적인 역할을 담당하기 때문에 먼저 이를 파악하는 것이 중요하다.

2. **시장 규모** : 내가 생각해낸 아이디어가 상품화됐을 경우 시장 규모가 어느 정도인지 생각해볼 필요가 있다. 정말 좋은 아이디어라도 고객이 될 만한 사람이 우리 동네 아저씨들밖에 없다면 시장에 나와도 백전백패할 것 아닌가? 예를 들어 페이스북을 만든 마크 주커버그가 새로운 소셜 네트워크서비스를 탄생시켰던 2004년 당시 인터넷을 이용하는 사람들이 얼마 없었다면, 당연히 지금처럼 큰 성공을 거두지 못했을 것이다. 좋은 아이디어가 떠올랐다면 현재 시장 규모와 앞으로의 성장 가능성을 미리 가늠해보는 것이 중요하다.

3. 고객가치 : 내가 고객에게 전달하는 제품과 서비스의 가치를 의미한다. 제공하는 가치에 따라 고객들은 기존에 이용하던 제품이나 서비스를 사용할지 새로운 선택을 할지 결정하며, 선택을 받았을 때 비로소 고객이 필요로 하는 것을 만족시키는 역할을 수행하게 된다. 일반적으로 고객가치는 가격, 서비스 속도 등 측정 가능한 것과 디자인, 사용자 경험 등 측정 불가능한 것으로 구분할 수 있으며, 가격과 디자인을 포함해 참신성newness, 성능performance, 맞춤 가능성customization, 브랜드, 편리성, 위험감소risk reduction 등을 고려해야 한다.

이처럼 내가 생각한 아이디어의 주요 고객은 누구인지, 충분한 시장이 존재하는지, 그리고 이 제품 혹은 서비스가 세상에 나왔을 때 고객에게 제공하는 가치가 무엇인지를 종합적으로 고려할 때 비로소 비즈니스를 바라보는 감성역량이 발휘될 것이다.

두 번째는 융합역량이다. 20세기가 각 분야의 깊이를 다지는 전문화 시대였다면, 21세기는 기존 지식을 활용해 새로운 가치와 영역을 만들어 내는 융복합의 시대라 할 수 있다. 의료, 바이오 기술과 기계공하이 융합하면 대체장기를 만들어내고, 바이오 기술과 나노 기술을 결합하면 극소형 로봇이 탄생된다.

요즘 융합이 가장 활발하게 진행되는 곳은 대학이다. 사실 알다시피 모든 학문의 뿌리는 철학, 문학, 역사 등 인문학에서 출발했다. 중세시대 대학에서는 지금처럼 개별 학과로 나누지 않고 통합 학문으로 가르쳐왔으나 언젠가부터 학문간 뿌리가 갈리면서 인문대학, 사회과학대학, 상경대학, 자연과학대학 등으로 세분화된 것이다. 하지만 정보화가 진전되고 환경이 복잡해지면서 세분화된 학문으로는 도저히 복잡한 사회현상을 이해하고 분석할 수 없게 되었고, 이에 분야를 아우르는 통섭적인 접근이 필요해졌다. 그에 따라 최근에는 '정보-기술-인간'을 함께 이해하는 융합의 관점이 중시된다.

정리하자면 비즈니스 세상에서 융합역량이란 '서로 다른 아이디어와 아이템을 혼합해 새로운 가치를 만들어낼 줄 아는 능력'이다. 이러한 융합능력을 키우기 위해서는 역시 3가지 구성요소가 필요하다.

> 융합역량 = 다양한 아이디어와 아이템을 결합해 새로운 가치를 추출하는 능력 (핵심활동 × 채널 × 수익 모델)

1. 핵심활동 : 비즈니스를 하기 위해 반드시 수행해야 하는 일들을 의미한다. 가치를 지닌 상품을 만들고, 시장에 접근해 고객관계를 창출하고, 매출구조를 유지하는 데 중요한 역할을 한다. 예를 들어 세계적인 컨설팅 기업인 맥킨지의 핵심활동은 고객사의 문제를 진단하고 그에 맞는 해결책을 제시하는 것이다.

2. 채널 : 고객과의 연결고리, 즉 '터치 포인트'로 고객에게 가치를 제공하기 위해 어떻게 커뮤니케이션하고, 어떤 방법으로 제품과 서비스를 제공할 것인지 정의하는 일이다. 채널을 통해 유통과 영업이 이루어지며, 이는 곧 고객과 회사가 만나는 인터페이스가 되는 만큼 매우 중요한 축이다.

3. 수익 모델 : 융합역량에서 가장 중요한 요소다. 구체적 유형으로는 자산판매asset sale, 사용료usage fee, 구독료subscription fee, 임대rent, 라이선스licensing, 수수료brokerage fee, 광고advertising 등이 있다.

수익 모델의 기본은 내가 만든 제품이나 서비스를 고객이 합당한 비용을 지불하고 구매하는 것이다. 하지만 최근에는 고객들에게 서비스를 무료로 제공하고 기업으로부터 광고를 유치해 수익을 거두거나, 사업 초기에는 아예 수익 모델을 고려하지 않는 경우도 많다.

마이크로블로깅 서비스를 제공하는 트위터도 사업을 시작한 지 몇 해가 지나도록 외부에서 조달한 자금으로 회사를 운영하고 수익 창출은 뒷전이다. 당장 눈에 보이는 성과를 내는 수익 모델보다 더 중요한 것은 고객들에게 가치 있는 서비스를 제공해, 이들을 자기 회사의 팬으로 만드는 일이라고 생각하기 때문이다. 현재 미국에서 출발한 소셜미디어 관련 스타트업 기업 대부분은 이런 전략을 취하고 있다. 당장 수익 모델이 없더라도 궁극적으로 성과를 창출할 수 있는 기술과 인력의 가능성을 보고 투자하는 벤처 생태계가 작동하고 있기에 가능한 일이다.

요즘은 심지어 소비자가 원하는 만큼만 돈을 지불하게끔 하는 극단적인 수익 모델도 심심치 않게 볼 수 있다. 돈을 내고 싶은 사람은 내고 돈이 없는 사람은 내지 않아도 좋다는 이른바 배짱 장사지만, 의외로 성공한 경우가 많은 수익 모델이기도 하다.

〈크립creep〉이란 노래로 전 세계를 강타했던 인기 록밴드 '라디오헤드'는 2007년 9월 앨범 〈In Rainbows〉를 출시하면서 재미있는 도전을 감행했다. 팬들이 앨범 공식홈페이지www.inrainbows.com에서 음원을 구입하기 위해 결제 버튼을 클릭하면 '가격은 당신이 정하세요Pay as you want'라는 메시지가 뜨도록 한 것이다. 많은 팬들은 이를 보고 당황했다. 신곡 10곡이 수록된 앨범 음원을 내고 싶은 만큼 알아서 내고 가져가라니!

과연 결과는 어땠을까? 이벤트가 종료된 1개월 후 뚜껑을 열어보니 약 180만 명의 사람들이 음원을 다운로드 받아갔고, 놀랍게도 이 중 40%의 사람들이 대가를 지불했다고 한다. 수익 창출에 대한 발상도 새로운 관점에서 접근할 필요가 있음을 실감하게 하는 사례다.

아이디어는 어떻게 하이디어가 되는가?

그렇다면 과연 아이디어와 하이디어는 어떻게 다를까? 영국의 13세 소년 로런스 룩이 '스마트 벨'이라는 상품을 개발해 약 25만 파운드를 벌었다는 외신 보도가 난 적이 있다. 스마트 벨은 일종의 진화된 초인종으로, 범죄에 노출되기 쉬운 빈집이 '아닌 척'하게 해주는 서비스다. 만약 누군가 초인종을 눌렀을 때 집에 아무도 없으면 자동으로 주인의 휴대폰으로 전화가 연결되는 구조다. 주인은 휴대폰을 통해 마치 집에 있는 것처럼 응답할 수 있어, 빈집털이범의 표적이 되는 것을 방지할 수 있다. 로런스는 영국 내 대형 통신사와 2만 개 판매 계약을 체결했으며, 또 다른 통신사와도 추가 계약을 맺을 예정이라고 한다.

여기서 아이디어는 '빈집에 누군가 초인종을 누르면, 외출한 집주인이 이를 알 수 있으면 좋겠다'는 것이다. 그렇다면 이 아이디어를 어떻게 하이디어로 진화시킬 수 있을까?

먼저 감성역량을 발휘해보자. 우선 생각해야 할 것은 고객이 누구인지, 그 수가 얼마나 되는지다. '내가 집을 비웠을 때, 누가 빈집인 줄 알아채고 들어오면 어떻게 하지?' 하고 불안해하는 사람들이 얼마나 되는지 파악해야 한다.

우리나라 대도시의 경우 대부분이 아파트 생활을 하기 때문에 시장성이 높지 않을 듯하다. 하지만 미국이나 유럽처럼 단독 주택 거주자가 많은 경우에는 충분한 시장이 존재한다.

이처럼 감성역량이란 결국 '사람들의 불편함, 아픔'이 뭔지 정확하게 꿰뚫어보는 동시에 이를 느끼는 사람들이 얼마나 되는지 파악하는 것이다. 즉 우리의 고객은 누구인지(주요 고객), 이 고객이 얼마나 되는지(시장 규모), 고객에게 제공하는 가치는 무엇인지(고객가치)를 밝혀내는 능력이라고 할 수 있다.

이제 융합역량으로 넘어가보자. 이 소년은 벨과 휴대폰을 융합시켰다. 누군가 벨을 눌렀을 때 집 밖에 있는 주인이 휴대폰으로 초인종 스피커를 통해 외부 사람과 대화할 수 있기 때문에, 외부인은 마치 주인이 집에 있는 것처럼 생각하게 된다. 융합역량이란 이를 위해 필요한 핵심활동, 채널, 수익 모델을 만들어내는 능력이다.

이 소년은 스마트 벨을 만들기 위해 벨을 누르면 집주인의 휴대폰으로 연결되는 프로그램을 설계했고(핵심활동), 고객들을 일일이 찾아다니지 않고 이동통신사 대리점을 통해 판매했으며(채널), 일반 고객이 아닌 이동통신사를 대상으로 안정적인 수익을 창출(수익 모델)하는 융합역량을 발휘했다.

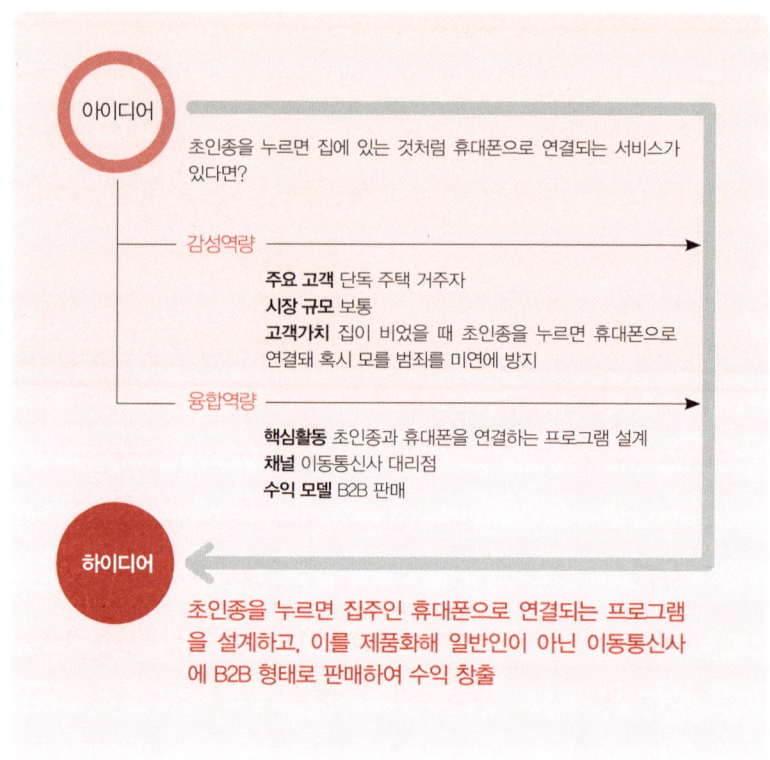

만약 스마트 벨이 그냥 반짝이는 아이디어 수준으로 그쳤다면, 상품으로 탄생되지 못했거나 잘 만들고도 동네 근처를 돌아다니며 운 좋으면 하루 10개 정도 파는 데 그쳤을 것이다. 하지만 아이디어에서 그치지 않고 감성역량과 융합역량을 결합해 하이디어로 발전시켜 새로운 비즈니스 모델을 창출할 수 있었다. 이처럼 새로운 비즈니스를 만들어내는 데 가장 중요한 것은 번뜩 머리를 스치고 지나가는 아이디어가 아니라, 감성역량과 융합역량을 갖고 아이디어를 발전시킨 하이디어임을 잊지 말아야 한다.

아이디어 vs 하이디어

구분	아이디어	하이디어
정의	남과 다른 유니크한 생각, 어떤 일에 대한 구상	유니크한 아이디어에 고객가치를 더한 비즈니스 모델의 전 단계
형태	날것(생각의 재료)	요리(생각의 재료+고객가치)
필요 역량	상상력, 창의성	감성역량, 융합역량
적용 분야	전 분야	비즈니스 분야

아이디어를 발전시켜 하이디어로 거듭난 사례는 국내에도 많다. ㈜남이섬의 강우현 사장이 고안한 남이섬으로 낙하하는 '짚 와이어zip wire'도 그중 하나다. 2010년 11월 선보인 짚 와이어는 그의 감성역량과 융합역량이 결합된 산물이라고 할 수 있다.

"나는 아이디어가 생각나면 일단 그림으로 그린다. 2001년 남이섬에 들어와서 저 쇠줄을 그렸더랬다. 배 대신 공중에 줄을 매 타고 들어오면 얼마나 재미날까, 하면서. 실제로 그런 기구가 해외에 있더라. 완전 무동력이다."

강 사장이 모 일간지와의 인터뷰에서 한 말이다. ㈜남이섬과 경기도, 가평군의 공동출자법인인 자나라인㈜이 35억 원을 들여 설치한 짚 와이어는 80m 높이의 타워를 세우고 양쪽을 쇠줄로 연결한 뒤 의자 형태의 도르래를 타고 활강하는 시설이다. 동력이 아닌 타워와 섬의 경사를 이용한 친환경 교통수단인 셈이다.

그동안 남이섬에 들어가려면 5~10분 정도 배를 타야 했지만 짚 와이어 설치로 시속 40~80km로 1분 만에 날아서 갈 수 있게 됐다. 80m 높이에서 반대쪽으로 빠르게 하강하도록 돼 있어 롤러코스터를 타는 듯한 스릴을 만끽할 수 있고, 북한강과 주변의 수려한 경관을 한눈에 조망할 수도 있다. ㈜남이섬은 짚 와이어를 통해 입장하는 사람이 연간 5만 명에 달할 것으로 예상하고 있다.

'하늘을 날아서 들어가면 얼마나 재미날까?' 하는 아이디어를 아이디어로 남겨두지 않고, 실제 시장조사와 설계 작업을 통해 하이디어로 발전시킨 짚 와이어는 개장 1년 만에 흑자로 전환하며 성공적인 비즈니스 모델로 제자리를 잡고 있다.

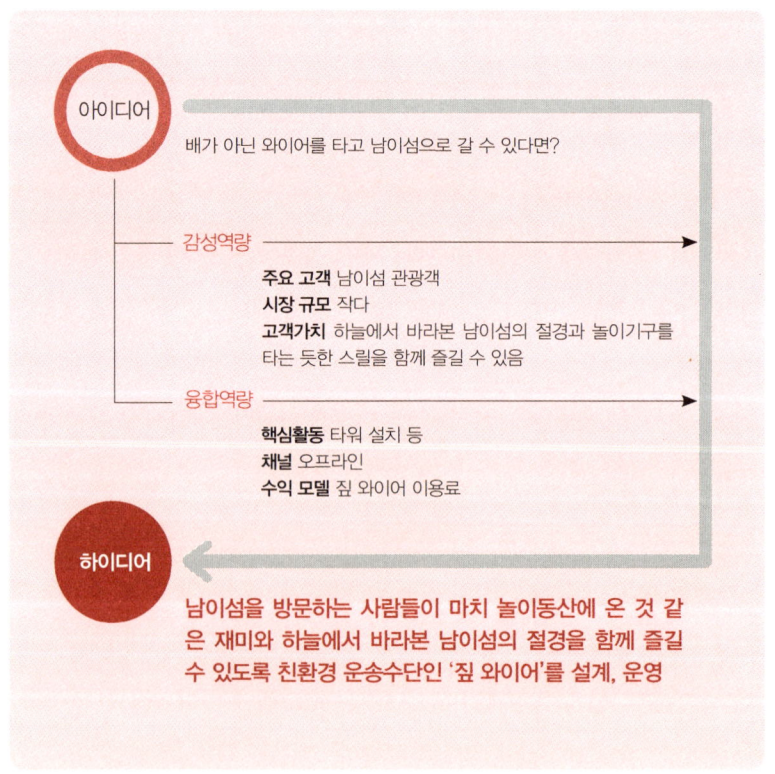

아이디어

배가 아닌 와이어를 타고 남이섬으로 갈 수 있다면?

감성역량

주요 고객 남이섬 관광객
시장 규모 작다
고객가치 하늘에서 바라본 남이섬의 절경과 놀이기구를 타는 듯한 스릴을 함께 즐길 수 있음

융합역량

핵심활동 타워 설치 등
채널 오프라인
수익 모델 짚 와이어 이용료

하이디어

남이섬을 방문하는 사람들이 마치 놀이동산에 온 것 같은 재미와 하늘에서 바라본 남이섬의 절경을 함께 즐길 수 있도록 친환경 운송수단인 '짚 와이어'를 설계, 운영

시나리오 작성을 통해 아이디어 튜닝하기

그렇다면 먼저 '하이디어'의 기반이 되는 아이디어를 어떻게 떠올릴 수 있을지 차근차근 생각해보자. 아이디어는 무언가를 끊임없이 고민하다 잠시 심신을 풀어놓을 때 불현듯 생각나는 경우가 많다. 피곤해서 잠들기 바로 직전이나 화장실에 앉아 있을 때, 지하철이나 버스를 타고 이동하는 출퇴근 시간, 주말에 운동할 때, 친구들과 술 한잔 하며 이야기를 나누는 시간, 강아지와 함께 산책할 때…. 사무실에 앉아 있거나 학교에서 공부할 때는 아이디어가 잘 떠오르지 않는다.

좋은 아이디어가 떠올랐다 하더라도 적어두지 않으면 대부분 몇 분 내에 잊어먹기 마련이다. 아이디어가 떠오르면 냅킨도 좋고 영수증도 좋으니 일단 키워드만이라도 적는 습관이 필요하다. 물론 그다음 날 아침에 일어나 맑은 정신으로 보면 웃음이 나오는 경우가 대부분이지만, 가끔 괜찮은 아이디어가 나올 때도 있으니 꾸준히 적는 습관을 길러야 한다. 이렇게 한 달 동안 떠오른 괜찮은 아이디어를 모아보면 적어도 4~5개는 될 것이다. 이제 이 아이디어를 기반으로 감성역량과 융합역량을 발휘해보자.

예를 들어 요즘 베이비붐 세대의 은퇴가 본격화되고 있다는 기사를 보고, 아직 몸도 마음도 건강한 이들 세대가 은퇴 후에도 자신의 경력을 살려 사회에 기여할 수 있는 방법은 없을까 하는 생각이 떠올랐다고 하자. 아직까지는 그냥 말 그대로 아이디어일 뿐이다. 여기다 감성역량을 발휘해보면 인재난에 시달리는 중소기업 CEO들의 근심 가득한 얼굴이 떠오른다. 유럽과 중국에 전자기기 부품을 수출하는 한 중견기업 CEO는 최근 설립한 동유럽 지사에서 근무할 HR전문가가 필요하다. 이때 국내 대기업 유럽지사와 종합기획실에서 근무한 경험이 있는 전문가가 있다면 큰 도움이 될 것이다. 이렇게 중소기업 CEO의 아픔을 들여다보면, 경험 많은 인재를 필요로 하는 중소기업과 은퇴 후에도 사회에 기여하고 싶은 전문 지식과 경험을 가진 사람들을 중개하는 '프로젝트 중개 플랫폼'을 만들어보면 어떨까 하는 생각까지 진화하게 된다.

이 단계만으로도 처음 아이디어에서 많이 발전하긴 했지만 아직 하이디어라고 부르기에는 뭔가 부족하다. 이때 융합역량이 필요하다. 일종의 '지식거래소' 컨셉을 플랫폼에 적용해보면 어떨까? 자문이나 강의, 컨설팅과 같은 프로젝트를 연결시켜주고 중개 수수료를 받는 수익 모델을 생각해볼 수 있다. 이를 시나리오로 구성해보자.

대기업에서 인사담당 임원으로 근무하다 은퇴한 홍길동 씨(58세)는 3년째 화초를 키우며 무료하게 시간을 보내고 있다. 홍길동 씨는 인사부서에서만 25년 동안 근무한 베테랑으로 아직 육체적으로나 정신적으로 건강하지만 별다른 일거리가 없어 집에서 눈칫밥을 먹는 중이다.

그러던 어느 날 신문에서 기사 하나가 눈에 번쩍 띄었다. 지자체에서 '○○지식거래소'를 설립했다는 내용이었다. '혹시 나의 경력을 살릴 수 있을까?' 홍 씨는 혹시나 하는 마음에 회원으로 가입했다. 며칠 지나지 않아 오토바이 헬멧을 제조하는 국내 A중견기업 인사팀에서 연락이 왔다. 몇 년 전 중국과 동유럽에 현지 생산공장을 세운 이 회사는 현지채용인 역량강화 및 내부교육에 대한 자문을 받고 싶다고 했다. 홍 씨는 지식거래소를 통해 A기업과 몇 차례 의견을 주고받고 필요한 서류를 제출한 후, 3개월 간 2,500만 원을 받고 프로젝트에 참여하기로 합의했다. A기업은 지식거래소를 통해 선수금 20%를 예치했고, 홍 씨는 현지 답사 후 녹슬지 않은 실력을 발휘해 '○○기업 차세대 글로벌 인력 양성 계획안'을 작성하고 3개월 후 임원회의에서 브리핑까지 마쳤다. 회사 CEO가 꽃다발을 건네주며 감사 인사를 건넸다.

1주일 후 A기업이 잔액을 입금했다. 홍 씨가 모처럼 호텔 뷔페에서 가족들에게 한턱내고, 식사를 마치고 나오며 휴대폰을 확인하니 지식거래소에서 보낸 문자메시지가 와 있었다. 이번에는 B기업과 C기업에서 특강을 요청한다는 내용이다. 스케줄을 확인한 후 수락 답장을 보내자 지식거래소에서 이메일로 강의 일시, 요청 내용, 약도 등을 보내왔다. 은퇴 후 소일거리로 화초를 키우던 홍 씨에게 제2의 인생이 활짝 피게 된 것이다.

지금 떠오르는 아이디어가 있다면 하이디어 프로세스에 따라 자신의 아이디어를 발전시켜보자. 유니크한 아이디어에 감성역량과 융합역량을 가미해 탄생시킨 하이디어로 충분한 수익을 내는 사업 모델을 구상할 수 있을 것이다.

게임의 법칙을 바꾸는 하이디어

아이디어가 하이디어로 발전하기 위해서는 감성역량, 융합역량과 함께 재미있는 게임의 법칙이 필요하다. 여기서 '게임의 법칙'이란 사업 주도자가 만든 장터에 사람들이 많이 찾아오게 하는 방법이자, 참여하는 사람들이 함께 지켜야 하는 규칙이나 제도를 말한다. 흥행이 되려면 사람들의 관심을 끌어야 하고, 사람들의 관심을 끌기 위해서는 사업과 관련된 다양한 주체 모두에게 이득이 되는 '규칙'이 필요한 법이다. 이것이 우리 책에서 정의하는 '게임의 법칙'이다.

게임의 법칙을 만드는 특권은 보통 시장을 리드하는 업계 대표주자들에게 주어진다. 애플리케이션 생태계인 앱스토어를 만든 애플, 페이스북 이코노미를 만들어낸 페이스북 등이 바로 시장을 선도하는 게임의 법칙을 만든 주역이다. 이들은 시장의 규칙과 기준을 만들고 참여자들에게 이를 준수하도록 요구한다. 애플이 만든 앱스토어에 유료 앱을 올리는 개인이나 기업은 판매금액의 30%를 애플에 주는 규칙을 따라야 한다. 앱을 개발하는 과정에서도 애플이 제시한 가이드라인에 따라야 함은 물론이다. 이를 어기면 앱스토어에 앱을 등록시켜주지 않는 패널티를 부과한다. 페이스북 생태계에 참여하려고 해도 페이스북이 만든 게임의 법칙을 따라야 함은 마찬가지다.

70:30으로 수익률을 배분한 원조는 칭기즈칸의 손자이자 원나라를 세운 쿠빌라이 칸이다. 쿠빌라이 칸은 남송을 정복하고 본격적인 해상무역 시대를 열어 이슬람 국가는 물론 아프리카, 유럽 국가와도 교역하면서 막대한 부를 축적했다. 이때 외국과 해상 교역을 하고 싶은데 돈이 부족한 상인들을 위해 국가에서 자금을 빌려주고 교역으로 이익이 생기면 이를 70:30으로 나눠가졌다고 한다. 물론 애플과는 반대로 국가가 7할을

차지했지만 말이다.

원나라의 쿠빌라이 칸, 지금은 고인이 된 애플의 스티브 잡스, 페이스북의 마크 주커버그의 공통점은 새로운 게임의 판을 짜 기존 게임의 법칙을 바꾼 '게임 체인저game changer'라는 점이다. 남이 만들어 놓은 게임의 법칙만 따라가서는 놀라움을 자아낼 수도 없고 그들을 이길 수도 없다. 스스로가 기존의 게임의 법칙을 바꿀 수 있는 게임 체인저가 돼야 시장에서 성공하는 새로운 하이디어 모델을 만들 수 있다. 누가 이 역할을 자임했는가? 남이 만들어 놓은 게임의 법칙을 따라가기보다 자신만의 독창적인 게임의 법칙을 만들어 성공한 기업의 비결을 살펴보자.

게임의 법칙 1 :
참여에 대한 인센티브를 제시한다

뉴욕 맨해튼에 가면 그야말로 길에 널린 것이 햄버거 가게다. 그런데 그중에서 눈에 띄게 제일 잘나가는 가게가 있으니, 바로 '포푸드4food'다. 이 가게의 성공 비결은 하나, 어마어마한 메뉴 가짓수다. 몇 가지이기에 어마어마하다는 표현을 쓰는지 궁금하지 않은가? 무려 2억 개다. 세상에… 2억 개의 메뉴라니! 보통 10~20개 메뉴도 많아서 뭘 주문해야 할지 고민이 한가득인데, 어떻게 평생 먹어도 다 먹지 못할 것같이 많은 메뉴를 개발할 수 있었을까?

여기서 기발한 게임의 법칙이 등장한다. 포푸드에서는 인터넷에 올라와 있는 다양한 재료를 자신의 레시피에 따라 조합할 수 있다. 예를 들어

포푸드 홈페이지

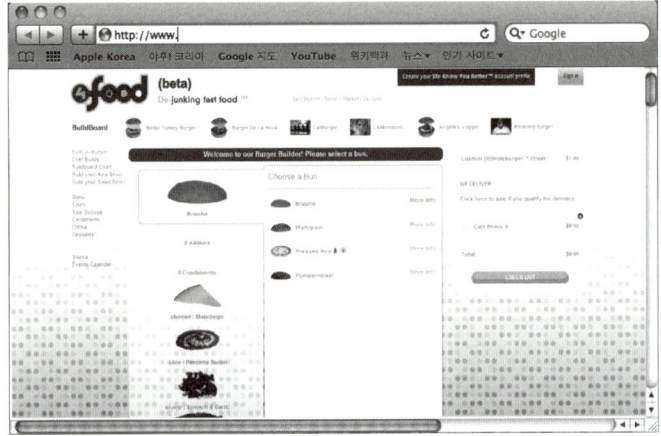

재료 중 연어와 치즈, 양상추만 넣고 싶다면 그렇게 조합한 후, '홍길동 버거'라는 이름을 붙이면 된다. 새로운 메뉴가 탄생하는 순간이다. 사업자가 아닌 가게에 오는 손님들이 너도 나도 자신이 만든 갖가지 메뉴를 선보이다 보니 어느덧 가능한 메뉴의 조합수가 2억 개가 넘어버린 것이다.

만약 다른 고객이 내가 만든 메뉴를 주문할 경우 나에게 25센트의 적립금을 지급해 고객들의 적극적인 참여를 유도하고 있다. 그리고 메뉴를 트위터나 페이스북에 노출함으로써 별다른 홍보 없이도 소비자들의 입소문을 타고 마케팅 효과까지 톡톡히 보고 있다. 그야말로 누이 좋고 매부 좋은, 도랑 치고 가재 잡는, 마당 쓸고 돈도 줍는 게임의 법칙이 아닐 수 없다.

미국 완구업체 '빌드어베어 워크숍Build-a-bear workshop'은 완제품 인형이 아닌 소비자들이 직접 인형을 완성하는 반제품 인형을 제공한다. 인형 만드는 일을 단순히 장난감을 제조하는 것이 아니라 자신의 소중한 친구를 만드는 일이라고 생각하는 특이한 회사다.

지난 1997년 미국에서 첫 선을 보인 후 전 세계적으로 선풍적인 인기를 얻고 있는 인형 공작소 빌드어베어 워크숍은 곰인형 거죽을 고른 뒤 아이들이 직접 솜을 채울 수 있도록 한다. 마지막 단계로 인형의 심장도 달아주는데, 이때는 자못 경건한 분위기가 조성된다고 한다. 이렇게 만든 인형에 어울리는 옷, 신발, 액세서리까지 아이의 취향에 따라 고를 수 있다. 아이들은 단순한 인형이 아닌 새로운 친구와 함께 집에 돌아가게 되는 것이다.

미국 대부분의 장난감 업체에서 중국에 공장을 두고 완제품 인형을 판매할 때, 빌드어베어 워크숍은 '반제품 인형 판매'라는 게임의 법칙을 추구했다. 그리고 이를 통해 아이들이 직접 제작하는 DIY 인형이라는 새로운 하이디어 모델을 만들어 성공할 수 있었다.

게임의 법칙 2 :
재미와 가치를 동시에 제공한다

전 세계적으로 폭발적인 인기를 누린 애플리케이션 앵그리버드Angry Bird를 개발한 핀란드의 로비오 모바일은 신작 게임인 앵그리버드 매직에 근거리 무선통신 기술인 NFCNear Field Communication를 차용하기로 했다고 발표했다.

앵그리버드 매직은 1~5단계까지는 혼자서 할 수 있지만, 그 이상 단

계로 가기 위해서는 앵그리버드 매직을 설치한 다른 NFC 휴대폰 사용자를 만나야만 한다. NFC 휴대폰을 가진 다른 사용자를 만나 휴대폰을 교차하면 다음 5개의 단계에 도전할 수 있다. 다시 말해 총 20단계로 구성된 앵그리버드 매직을 끝내기 위해서는 적어도 3명의 NFC 휴대폰 사용자를 만나야 하는 셈이다. 이런 설정을 통해 NFC 기술은 오프라인에서 다른 사람을 연결해주는 주선자 역할을 하게 된다.

구글의 캡차CAPTCHA 프로그램은 가치를 보존하는 남다른 의미를 부여한 게임의 법칙 사례로 꼽을 수 있다. 원래 캡차 프로그램은 프로그램을 활용한 대량 자동 가입을 방지하기 위해 만든 것이라고 아는 이들이 많지만, 이는 단순한 필터링 기능을 넘어 '서적의 디지털화'라는 가치 있는 작업에도 큰 몫을 하고 있다.

캡차 프로그램을 이용한 자동 가입 방지 시스템

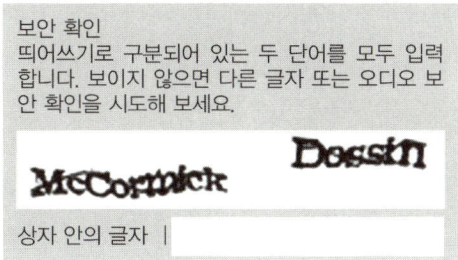

보안 확인
띄어쓰기로 구분되어 있는 두 단어를 모두 입력합니다. 보이지 않으면 다른 글자 또는 오디오 보안 확인을 시도해 보세요.

상자 안의 글자 |

구글은 2004년부터 구글 북스 프로젝트를 통해 미국과 유럽의 많은 도서관들이 장서를 디지털화하는 작업을 지원하고 있다. 현재까지 약 1,500만 권의 오프라인 서적을 디지털 스캔한 것으로 알려졌다.

서적을 스캔하는 과정에서 광학문자인식OCR 프로그램을 이용해 글자를 추출하는데, 원본 상태가 좋지 않은 책들은 이를 활용해도 식별이 불가능했다. 이를 해결하기 위해 카네기멜론 대학에서 개발한 것이 바로 캡차다. 지금도 전 세계에서 캡차 프로그램을 통해 하루 약 1,000만 단어가 수정되고 있다.

게임의 법칙 3 :
사람들이 가진 욕망의 크기를 이용한다

보통 결혼중개회사에서는 여성회원이 남성회원보다 더 비싼 입회비를 지불한다. 일반적으로 남성회원보다는 여성회원이 결혼에 대한 열망이 더 크기 때문이라고 한다. 또 체중을 관리해주는 업체에서는 몸무게가 더 많이 나가는 사람이 적게 나가는 사람보다 더 많은 비용을 낸다고 한다. 이 또한 관리하는 비용이 차이가 나서가 아니라, 체중이 많이 나가는 사람이 체중을 감량하고 싶은 욕망이 더 크기 때문이다.

이처럼 비즈니스 세상에서는 욕망이 강한 쪽이 대체로 더 많은 비용을 내게 된다. 〈네이처〉를 발행하는 네이처 퍼블리싱 그룹은 〈사이언티픽 리포트Scientific Reports〉라는 오픈 액세스 저널을 발간한다고 공식 발표했다. 오픈 액세스 저널이란 기고부터 리뷰, 유통까지의 과정을 기고자와 독자에게 개방하는 이른바 '열린 학술 잡지'인 셈이다. 그런데 특이하게도 논문 기고자가 1건당 1,350달러를 부담하고 독자들은 무료로 볼 수 있게 하는 게임의 법칙을 채택해 화제를 모았다.

일반적인 학술지의 경우 소수 독자가 비용을 내고 논문 게재 문턱을 높여 권위를 지키는 방식을 선택해왔는데, 오픈 액세스 저널은 이와 반대로 비용을 저자가 부담하는 대신 논문 게재 문턱을 낮추고 해당 논문과 저널의 권위에 대한 판단을 독자에게 맡긴 셈이다. 이는 저널 게재에 대한 논문 기고자의 욕구가 논문을 읽고자 하는 독자들보다 더 크기 때문에 가능한 모델이라고 할 수 있다.

앞서 소개한 여러 사례들은 고객이 참여할 수 있는 기회를 제공하고, 그에 합당한 보상을 지급해 참여에 대한 즐거움과 보람을 느끼도록 만드는 독특한 게임의 법칙을 채택하고 있다. 또한 선두주자가 구축했던 관습적인 게임의 법칙을 거부하고 나름의 룰을 만들어 시장에 대한 지배권을 획득했다.

기존 비즈니스의 초점이 고객에게 맛좋고 싱싱한 물고기를 잡아서 제공하는 데 맞춰져 있었다면, 지금부터의 비즈니스는 재미있는 낚시도구와 미끼를 쥐어준 다음 고객을 낚시터에 앉게 만드는 것이 관건이 될 것이다. 새로운 사업 모델을 만들 때는 어떠한 방식의 게임의 법칙을 제시할 것인지 끊임없이 고민하고 연구해야 한다.

제품이 아닌 하이디어로 경쟁하라! 성공하는 하이디어 모델의 3가지 조건

문제는 게임의 법칙을 다른 경쟁자가 아닌 '내'가 만들어야 한다는 것. 그러나 상황은 그리 녹록지 않다. 초경쟁 시대hyper competition를 맞아 기업들의 경쟁이 갈수록 치열해지고 있기 때문이다. 시장과 고객의 원츠와 니즈를 충족시키지 못하는 기업들은 역사의 뒤안길로 사라지고 창조적인 아이디어와 유니크한 비즈니스 모델을 선보이는 기업들이 게임 체인저로 등극하며 새로운 시장의 질서를 만들어내고 있다.

지금은 언제 어디서 어떤 기업이 무슨 아이템을 들고 등장할지 모르는 세상이다. 과거에는 경쟁사 동향에만 신경쓰면 됐지만 이제는 누가 우리의 경쟁사가 될지 짐작하기조차 어렵다. 매킨토시 컴퓨터를 만들던 애플이 세계 음악 시장을 석권하더니 아이폰으로 이동통신 시장을 뒤흔들고 아이패드로 전 세계 미디어 시장을 변화의 소용돌이로 몰고 가는가 하면, 온라인 쇼핑몰 아마존은 전자책 리더기 킨들Kindle로 전자책 시장에서 60%의 점유율을 차지하며 막강한 영향력을 행사하는 등 상상도 못했던 곳에서 신흥 강자들이 출현하고 있다.

이처럼 최근 기업 간 경쟁이 과거의 제품이나 서비스 경쟁에서 아이디어 경쟁으로 바뀌면서 그 어느 때보다 하이디어의 중요성이 커지고 있다. 수많은 사람들이 대박 비즈니스 모델을 꿈꾸지만, 세상을 깜짝 놀라게 할 사업 아이디어와 비즈니스 모델을 발견하기란 백사장에서 바늘을 찾는 것처럼 쉽지 않은 일이다.

나에게 가장 선호하는 하이디어 모델을 꼽으라면 온라인 뮤직 플랫폼 '셀라밴드'를 추천하고 싶다. 2006년 8월 설립된 셀라밴드는 경제력이 없는 독립 뮤지션들이 팬들의 투자를 받아 음반을 제작할 수 있도록 도와주는 온라인 플랫폼이다.

방법은 매우 간단하다. 뮤지션은 셀라밴드 홈페이지www.sellaband.com에 블로그를 만들고, 여기에 연주 동영상과 음원을 등록하면 이를 보고 마음에 드는 회원들이 팬으로 가입한다. 팬들은 자기가 선택한 뮤지션의 잠재력을 보고 최소 10달러부터 투자할 수 있다. 셀라밴드에서는 이들을 '빌리버Beliver'라 부른다. 빌리버들이 투자한 돈이 쌓여 5만 달러 이상이 되면 셀라밴드는 해당 뮤지션을 프로듀서, 스튜디오와 연결해 정식 앨범을 발매할 수 있도록 지원하고, 앨범이 발매되면 빌리버에게 무료로 앨범을 증정한다. 앨범이 출시된 후 앨범 판매, 공연 등을 통해 발생하는 수익은 셀라밴드와 뮤지션, 빌리버들이 투자금액에 따라 공정하게 일정 금액씩 나눠가진다. 셀라밴드는 음반 저작권 등도 보유해 수익 모델을 창출하고 있다.

셀라밴드의 하이디어 모델 구조

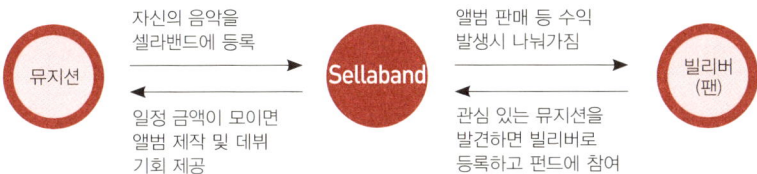

뮤지션 — 자신의 음악을 셀라밴드에 등록 → Sellaband — 앨범 판매 등 수익 발생시 나눠가짐 → 빌리버(팬)

일정 금액이 모이면 앨범 제작 및 데뷔 기회 제공 ← Sellaband — 관심 있는 뮤지션을 발견하면 빌리버로 등록하고 펀드에 참여 ←

셀라밴드 홈페이지에는 각 뮤지션마다 프로필, 스케줄, 공연 영상, 사진 등을 소개하는 소개 페이지가 있고, 목표금액까지 몇 퍼센트 달성되었는지 알려주어 참여를 독려한다. 뮤지션이라면 누구나 쉽게 자신의 음악을 등록하고 공유할 수 있으며, 등록된 음원 및 동영상은 페이스북, 유튜브 등 SNS를 통해 빠르게 확산되기 때문에 더욱 파급력이 큰 것이 장점이다.

현재까지 총 80팀의 뮤지션들이 셀라밴드를 통해 앨범을 발매했고, 약 400만 달러를 모금했다. 네덜란드 출신의 한 여성 가수는 자신의 노래를 셀라밴드에 올린 지 11일 만에 빌리버들에게 약 4만 유로를 투자받아 앨범을 준비하고 있다.

셀라밴드 동영상 QR코드

셀라밴드처럼 위대한 아이디어, 즉 하이디어 모델의 공통점은 세상에

없는 새로운 것을 만들어낸 것이 아니라 기존에 존재하고 있지만 이에 불편함을 느끼는 고객의 니즈를 잘 파악해 이를 비즈니스로 발전시켰다는 것이다. 셀라밴드는 음악성은 뛰어나지만 돈이 없어 음반을 내지 못하는 뮤지션과 다양한 음악을 듣고 싶어 하는 사람들의 숨겨진 니즈를 꿰뚫고 양쪽을 중개하는 플랫폼을 만들었다.

그렇다면 아이디어와 상상력이 중요한 창조경영 시대, 이처럼 각광받는 하이디어 모델의 조건은 무엇인지 좀 더 구체적으로 알아보도록 하자. 크게 3가지로 나눠볼 수 있다.

하이디어 모델의 조건 1 :
참여자 모두가 '윈-윈'할 수 있도록 한다

최고의 하이디어 모델은 혼자 성공해서 잘사는 것이 아니라 비즈니스에 참여하는 모든 플레이어들이 다 같이 잘살 수 있는 아이템이다. 비즈니스 모델 분야의 권위자 폴 티머스는 1998년 발표한 논문 〈전자상거래 시장을 위한 비즈니스 모델Business Models for Electronic Markets〉에서 비즈니스 모델을 다음과 같이 정의했다.

> 1) 제품, 서비스, 정보 흐름의 구조와 사업 참여자의 역할
> 2) 사업 참여자의 잠재적 이익
> 3) 사업 주도자의 매출 원천

여기서 주목할 것은 사업 주도자는 물론 사업 참여자의 이익까지도 중요시했다는 점이다. 사업 참여자에는 사업 주도자뿐 아니라 협력사, 고객 등도 포함된다. 이처럼 진정한 사업 모델은 사업 주도자 혼자 성공하는 것이 아니라 해당 사업에 직간접적으로 참여하는 사업 참여자의 이익까지 고려해야 한다.

전 세계 8억 5,000만 명이 넘는 사용자를 보유한 페이스북은 이러한 모델의 대표적인 사례다. 2007년 5월 페이스북의 CEO인 마크 주커버그는 페이스북 플랫폼을 외부 개발자들에게 공개하겠다고 선언했다. 외부 개발자들이 페이스북용 애플리케이션을 만들고, 여기서 발생하는 수익을 전부 외부 개발자들이 가져가도록 하겠다는 것이다. 이 선언 이후 8개월 동안 총 1,400개의 애플리케이션이 개발되었는데, 모두가 외부 개발자들이 개발한 작품이다. 현재 전 세계 개발자들이 개발한 수십만 개의

페이스북의 하이디어 모델 구조

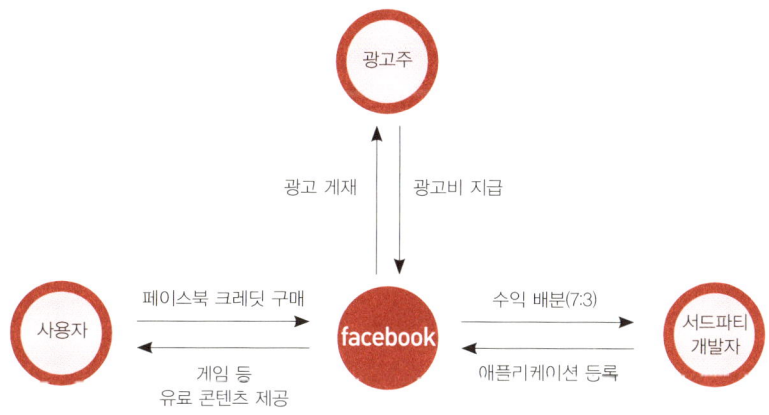

애플리케이션은 페이스북이라는 생태계에서 쑥쑥 성장하고 있고, 이는 한때 페이스북보다 월등히 앞서나가던 마이스페이스를 저 멀리 밀어낸 원동력이 되었다. 결국 마이스페이스는 온라인 광고 전문회사 스페시픽 미디어에 3,500만 달러라는 헐값에 팔렸다. 이 금액은 뉴스코퍼레이션이 2005년 마이스페이스를 인수한 5억 8,000만 달러의 10분의 1도 안 되는 금액이다.

구글 역시 이러한 미디어 생태계를 조성해 성공한 사례다. 구글의 이노베이션 생태계 시스템은 크게 4가지 요소로 구성된다. 미디어 회사와 개인, 네티즌, 광고주, 이노베이터가 그 축을 담당하고 있다. 자세히 살펴보도록 하자.

첫 번째는 콘텐츠 제공자 역할을 하는 미디어 회사와 개인이다. 이들은 정보를 생산하고 사용자의 관심을 독려하는 역할을 수행한다.

두 번째는 소비자인 네티즌들이다. 이들은 구글을 통해 관심사항을 검색하고, 구글 페이지 랭크 알고리즘은 이들이 많이 찾는 문서를 순식간에 분석해 상단에 노출시킨다.

세 번째는 광고주다. 기업도 광고주지만, 블로그를 운영하는 개인도 광고주가 될 수 있다. 기업은 '애드워즈'를 통해 미리 선택한 키워드 중 하나가 구글에서 검색되면 해당 검색결과 옆에 자사의 광고를 텍스트 형태로 표시할 수 있다. 이러한 시스템을 통해 이미 서비스에 관심이 있는 사용자를 대상으로 타율 높은 광고를 게재할 수 있게 된다. 개인들은 자신이 운영하는 블로그나 홈페이지의 콘텐츠 성격에 맞는 광고 '애드센스'를 게재하고, 이를 통해 얻는 수익을 구글과 나눠 갖는다. 구글이 벌어들이는 천문학적 매출의 90% 이상이 애드워즈와 애드센스를 통해 발생하고 있다.

네 번째는 이노베이터다. 이노베이터는 구글의 엔지니어일 수도 있고 외주 개발자일 수도 있다. 이들은 구글이 무료로 제공하는 툴을 통해 새로운 서비스를 '매시업mashup' 형태로 개발하는 역할을 담당하고 있다. 매시업이란 웹서비스 업체들이 제공하는 콘텐츠와 서비스를 융합해 새로운 웹서비스를 창출하는 것으로, 이미 구글맵 등을 통해 다양한 매시업 서비스가 출시되었다. 판매자와 구매자 외의 제3자, '서드파티'에서 개발한 다양한 서비스들은 구글 생태계를 더욱 살찌우는 역할을 수행하고 있다.

마이크로 블로깅 서비스로 유명한 트위터 역시 자체 생태계를 조성해 성공한 대표적 사례다. 트위터는 2011년 7월, 외부 개발자인 서드파티에서 개발한 트위터 연동 애플리케이션이 100만 개를 돌파했다고 발표했다. 1년 전인 2010년 7월에는 15만 개에 불과하던 것이 불과 1년 만에 엄청난 확장을 한 셈이다. 이에 참여한 외부 개발자들은 무려 75만 명에 달한다. 트위터는 내부 개발자들이 필요한 서비스를 만들기보다는 무료로 응용프로그램 개발환경API을 개방하고 외주 개발자들에게 그 역할을 맡김으로써 전 세계에 있는 75만 명의 개발자들을 돈 한 푼 들이지 않고 활용한 셈이다. 트위터는 2011년 8월 초 러시아 투자사인 DST 등으로부터 8억 달러를 유치하면서 기업가치가 80억 달러를 상회하고 있다.

하이디어 모델의 조건 2 :
제3자가 비용을 지불한다

"수많은 버팔로가 무리지어 달리는 장면은 언제 봐도 장엄하다. 그런데 미국의 한 청년이 자기가 버팔로 무리가 지나가는 길목을 알고 있다고 하면서 관람료 1달러를 내고 구경하러 오라고 신문에 광고를 했다. 만약 버팔로가 그곳을 지나가지 않을 경우에는 2달러로 환불해주겠다는 약속도 했다. 사람들은 보기 드문 장관을 구경하려고 너도나도 몰려들어 인산인해를 이루었지만 실망스럽게도 버팔로는커녕 개미 한 마리도 그곳을 지나가지 않았다.

사람들이 항의하자 청년은 약속대로 사람들에게 2달러씩 돌려주었다. 그럼에도 불구하고 청년은 싱글벙글이었다. 사람들이 그곳까지 가기 위해서는 작은 강을 배로 건너야 했는데, 청년은 그 강에 하나밖에 없는 배의 주인이었던 것이다. 배의 승선료는 5달러. 사람들에게 2달러씩을 돌려주고도 3달러의 수입이 보장된 것이다."

위 내용이 실제 있었던 일인지 아닌지는 확인할 수는 없지만 기막힌 하이디어 모델을 설계해 돈을 번 재미있는 스토리다. 그렇다면 현실 세계에서 이렇게 제3자를 활용해 수익을 거두는 비즈니스 모델의 고수는 누구일까? 카풀 사이트로 알려진 짐라이드www.zimride.com가 바로 그 주인공이다. 짐라이드는 1년 만에 30만 명 이상의 회원이 애용하는 거대 사이트로 성장했다.

일반적인 카풀 사이트라고 하면 카풀 동참자가 월 회비를 내고 적당한

짐라이드의 하이디어 모델 구조

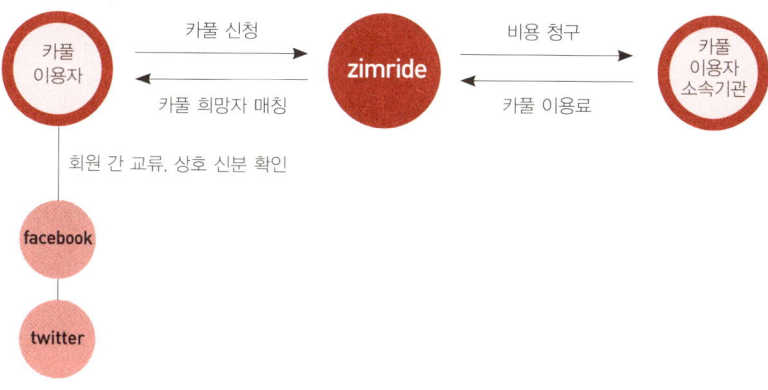

카풀 파트너를 소개받는 모델을 상상하겠지만, 짐라이드는 이런 사람들의 상상을 일거에 걷어차 버렸다. 짐라이드의 비즈니스 모델을 살펴보면 이 사이트를 만든 사람은 정말 비즈니스 모델 설계의 고수라는 사실을 알 수 있다.

짐라이드는 일단 실리콘밸리 인근의 특정 기업 및 단체의 회원 50명까지는 무료로 카풀 서비스를 제공한다. 하지만 50명이 넘을 경우 해당 기업을 찾아가 '당신네 직원들이 우리 회사의 카풀 서비스를 많이 이용하니, 대신 카풀 이용료를 내라'고 요구한다. 만약 이 요구를 기업에서 들어주지 않으면 직원들의 원성을 살 수 있기 때문에 기업 입장에서는 카풀 이용료를 내고 직원들이 짐라이드를 마음껏 이용할 수 있게 하는 게 이득이다. 짐라이드는 실제 카풀 서비스를 이용하는 30만 명의 회원이 아닌 학교나 기업에서 운영하는 직원들의 복지예산을 노린 것이다.

하이디어 모델의 조건 3 :
서로 다른 가치를 융합하다

그런가 하면 서로 다른 서비스를 결합해 전혀 새로운 가치를 탄생시킨 융합형 하이디어 모델도 있다. 그 대표적인 예가 미국의 부동산 사이트 질로www.zillow.com다. 2006년 온라인 여행사 익스피디어를 만든 리치 바턴이 3,200만 달러를 투자해 설립한 질로는 대표적인 융합 비즈니스 모델로, 구글맵과 8,000만 채 이상의 주택 매물정보, 부동산 관련 정보를 결합해 무료로 제공한다.

사용자가 관심 있는 주택의 주소를 입력하면 과거 판매가격 및 관련 리스트를 상세하게 보여주고, 교육환경과 범죄율 등 생활정보도 함께 제

질로의 하이디어 모델 구조

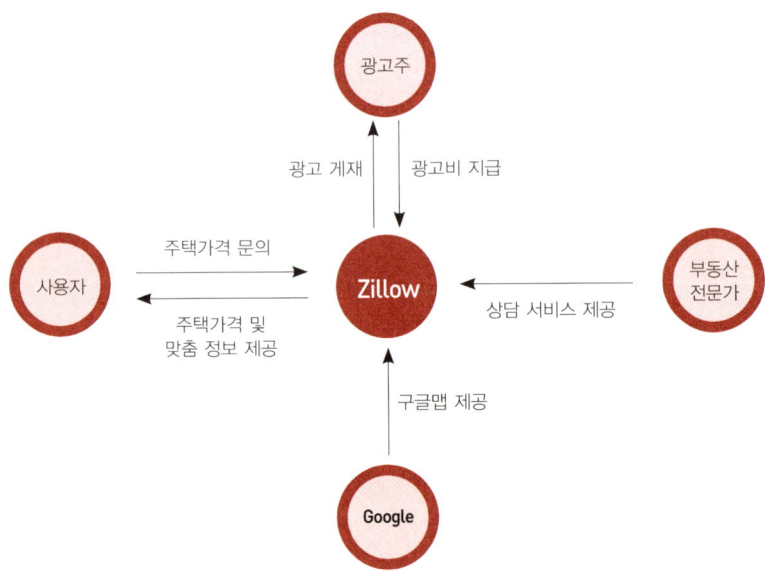

비즈니스 모델 개념의 변화

특징	과거	현재
사업 아이템	단일 아이템으로 승부	여러 아이템이 소셜미디어와 결합하여 새로운 가치 창출
활동 채널	오프라인 기반	오프라인과 온라인, 모바일이 연계
사업 참여자의 이익	사업 수행 기업 중심	고객, 파트너 등 참여자 모두가 '윈-윈'하는 구조
주요 고객	특정 집단	일반 대중
홍보 채널	매스미디어를 활용한 홍보	소셜미디어를 활용한 홍보
비즈니스 유형	노드/링크형	네트워크형

공한다. 매월 500만 명의 사용자가 방문하며, 6,000개의 광고주를 보유하고 있다. 질로는 무엇이든 새로운 정보를 제공해야 한다는 발상에서 벗어나 기존의 부동산 정보에 지도와 생활 정보를 결합해 가치 있는 콘텐츠 비즈니스 모델의 전형을 보여주고 있다.

유럽 최고의 하이디어 도시, 빌바오

하이디어는 비단 개인이나 개별 기업에서만 활용되는 것이 아니다. 남다른 하이디어로 도시의 컨셉 자체를 바꾼 독특한 곳이 있다. 스페인 북부 바스크 주에 위치한 소도시 빌바오가 그 주인공이다.

빌바오 시민들은 자기들이 사는 도시를 '꽃의 도시'라고 부른다. 여기

서 말하는 꽃은 들판에 핀 꽃이 아닌 '메탈 플라워metal flower', 즉 철강으로 된 꽃으로 멀리서 보면 마치 꽃처럼 보이는 구겐하임 미술관이 있는 도시라는 얘기다. 그만큼 구겐하임 미술관은 빌바오 시민들의 자랑거리이자 자부심의 결정체라 할 수 있다.

그러나 구겐하임 미술관만으로 빌바오 시를 유럽 최고의 하이디어 도시라고 부르기는 민망하다. 빌바오가 하이디어 도시인 이유는 철강과 조선업이 발달했던 과거의 모습을 벗어던지고 지속적인 아이디어의 혁신을 통해 '디자인 시티', '문화 시티'라는 새로운 모델을 선보였기 때문이다.

빌바오 시가 선택한 하이디어 모델은 독특했다. 빌바오 시는 선조들로부터 전해 내려오던 전통과 문화를 보존하면서도 현대적이고 문화적인 도시를 건설하고 싶다는 시민들의 마음을 꿰뚫어 보았다. 그 결과 도시의 기능을 살리면서 문화와 디자인이라는 컨셉을 융합해 새로운 하이디어 도시로 탈바꿈했다.

빌바오 시내 중심에 있는 한 건물은 이전에는 와인창고로 사용되었지만 빌바오 시의 노력에 의해 고풍스러운 외관은 그대로 살리면서 내부는

헬스장, 수영장, 식당, 도서관 등의 편의시설을 갖춘 문화예술센터로 재탄생했다.

직접 바라본 건물이 너무나도 멋져 카메라로 연신 셔터를 눌러대자, 지나가던 60대 시민은 "지금은 이렇게 멋진 곳으로 재탄생했지만 내가 어렸을 적에는 근처만 지나가도 시큼한 와인 냄새가 코를 찔렀다"며 "이 곳이 이렇게 멋진 곳으로 변할 줄은 생각도 못했다"고 말을 건넸다.

이와 더불어 빌바오 시는 정보기술, 친환경 에너지 도입을 통한 녹색 도시 전환 등 21세기가 요구하는 시대 변화에 맞춰 도시의 개념을 재해석하고 있다.

철강과 조선업 단지에서 최첨단 디자인 도시로 변신한 빌바오

빌바오 시는 과거 스페인 최고의 산업 중심지로 철강과 조선업 중심의 도시였다. 그러나 1980년대 들어 유럽의 경기 침체로 공장들이 연달아 문을 닫으면서 한때 실업률이 30%에 육박하는 위기에 봉착했다. 젊은 사람들은 빌바오를 떠났고, 도시는 활력을 잃었다. 우리나라를 비롯해 일본, 중국 등의 조선업이 발달하면서 빌바오의 조선업이 큰 타격을 입은 것도 한 원인이 되었다.

빌바오 시가 중공업 위주의 도시에서 지금의 하이디어 시티로 탈바꿈한 것은 '발상의 전환'과 '민관의 협력' 덕분이다. 당시 바스크 주정부와 공동 출자한 실행 조직이 '빌바오 리아 2000'에서 수행한 도시 재건 프로젝트가 시발점이 되었다. 바스크 주 정부와 빌바오 시가 구겐하임 미술관 설립을 추진하면서 빌바오는 본격적으로 스마트 시티로 재탄생할 준비를 하게 되었다.

2011년 3월, 스페인 출장을 갔을 때 운 좋게도 지난 15년 동안 빌바오 시의 혁신을 주도한 민간 기구 '빌바오 메트로폴리 30Bilbao Metropoli-30'의 중역인 알폰소 마르티네즈 세아라를 만날 수 있었다. 그는 어떻게 빌바오 시가 단기간 내에 중공업 단지에서 새로운 문화예술도시, 스마트 도시로 재탄생하게 됐냐는 질문에 이렇게 대답했다.

"비결은 크게 3가지다. 첫 번째는 장기적인 안목이다. 빌바오가 지금의 모습을 갖추기까지 15년이 넘게 걸렸다. 서두르지 않고, 장기적인 안목으로 접근해 우리의 고객인 시민들과 소통하며 끊임없이 혁신하는 자세가 필요하다.

두 번째는 공공과 민간의 원활한 협조체제다. 빌바오 시는 주정부뿐 아니라 BBVA 등 기업에서도 많은 투자를 했고 도시 개혁에 적극적으로 참여했다. 이처럼 공공과 민간이 열린 마음으로 우리가 사는 지역의 발전이라는 하나의 목표를 갖고 협업해 좋은 결과를 낳았다.

마지막으로는 네트워킹을 꼽을 수 있다. 정보사회의 새롭고 다양한 기회들은 각 개인이 모여 가시적, 비가시적 네트워크를 형성해 정보습득의 속도를 단축하고 경쟁력을 강화할 때만 생길 수 있다."

또한 빌바오 시는 도시 곳곳에 인프라를 확충하고 디자인 요소를 가미하는 일을 추진하고 있다. 이러한 맥락에서 세계적인 건축가에 의한 기념비적 프로젝트들이 진행되었는데, 그 대표적 결과물이 바로 구겐하임

흐린 날에는 은빛, 맑은 날에는 금빛으로 반짝거리는 구겐하임 미술관

미술관이다. 새로운 문화예술 도시로 거듭난 빌바오 시의 랜드마크이기도 한 구겐하임 미술관은 캐나다 출신의 천재 건축가 프랭크 게리의 설계로 1997년 10월 완공되었으며, 매년 100만 명이 찾는 자타공인 빌바오의 명물로 자리매김했다.

구겐하임 미술관은 멀리서 보면 마치 우주선을 연상케 하는 외관부터 눈길을 사로잡는다. 금방이라도 땅을 박차고 하늘로 올라간다고 해도 이상하지 않을 만큼 독특하다. 비행기 외장재인 티타늄 3만 3,000장으로 만들어진 외벽은 흐린 날에는 은빛, 맑은 날에는 금빛으로 그 신비함을 더한다. 아울러 미국의 대표적 현대 미술가 제프 쿤스가 4,000송이의 꽃으로 만든 조형물 '퍼피' 또한 미술관 앞을 지키는 상징물로 빌바오 시민들의 사랑을 듬뿍 받고 있다.

또한 1995년 영국의 유명 건축가 노먼 포스터가 디자인한 빌바오 지하철을 비롯해 스페인 출신의 유명한 건축가 산티아고 칼라트라바가 설계한 빌바오 공항, 바스크 지방의 보건관리국 건물도 왜 전 세계 사람들이

빌바오 시에 열광하는지 보여주는 좋은 사례다.

빌바오 시는 이 순간에도 '시민들이 지금보다 나은 삶을 살도록 하겠다'는 목표로 지속적인 발전을 꾀하고 있다. 우리나라의 KOTRA와 비슷한 역할을 하는 바스크 주정부 산하 SPRI의 국제협력단장인 다비드는 "빌바오는 17세기 성당을 공연장으로, 학교를 창작촌으로 활용하는 등 도심 곳곳에 생기를 불어넣으려고 노력하고 있다. 오래된 것과 새로운 것의 물리적 결합, 문화적 결합을 통해 시민들에게 지능적이고 편리한 생활공간을 제공하는 것이 우리의 사명이다"라고 소개했다.

이제 빌바오 시는 서울, 상하이 등 세계적인 도시 공무원들이 앞 다퉈 벤치마킹하는 도시 재생, 도시 혁신의 교과서로 자리매김했다.

하이디어 발상법 :
감성역량 + 융합역량 업그레이드

감성역량 :
남이 가진 아픔을 들여다보는 감성의 눈

감성역량이 충만하려면 먼저 남들이 가진 아픔을 들여다볼 줄 알아야 한다. 예를 들어보자. 유럽의 겨울은 몹시 춥다. 특히 북유럽은 더 춥다. 영하 40도까지 내려가는 경우도 허다하다. 추운 유럽 대륙에서 대형트럭은 단순히 짐을 나르는 이동수단이 아니다. 장시간 동안 장거리 운전을 해야 하는 운전자들이 일하고, 먹고, 자고, 쉬는 '종합 생활공간'이다.

　그러나 장시간 운전에 지친 트럭 운전수가 잠깐 눈을 붙이려할 때, 시동이 꺼지면 덩달아 꺼지는 히터 때문에 여간 불편한 게 아니었다. 스웨덴의 대표적인 상용차 회사 스카니아는 이에 주목하고 시동을 걸지 않아

도 히터가 나와 시트를 따뜻하게 해주는 트럭을 개발해 히트를 쳤다. 이는 운전자의 아픔을 들여다볼 줄 아는 엔지니어와 디자이너가 있었기에 가능한 일이다. 남의 아픔을 들여다보는 감성의 눈이 열려야만 하이디어도 나오는 법이다.

융합역량 :
서로 다른 아이디어를 섞어 새로운 가치를 발견하는 이성의 눈

성공적인 비즈니스를 창출해내기 위해선 내가 가진 지식의 소스 중 궁합이 맞는 아이템을 엮어낼 수 있는 융합역량이 필요하다. 대부분 기업에서 새로운 비즈니스 모델을 찾을 때 세상에 없는 것을 만들어내려고 고민하는데, 그것보다는 기존에 존재하는 2~3가지 비즈니스 모델을 뒤섞어 새로운 가치를 만들어내는 역량이 더 절실하다.

소프트뱅크 손정의 회장의 아이디어 발상법은 이미 업계에서 유명하다. 300장의 종이 카드 뒷면에 주요 키워드를 적고 이를 공중에 뿌린 다음 3개의 카드를 무작위로 뽑아서 각각의 키워드를 조합해 새로운 사업 아이디어를 구상한다고 한다. 놀라운 융합역량이 아닐 수 없다.

손 회장의 이러한 융합형 아이디어 발상법은 스마트 시대를 맞아 스마트폰 앱으로도 출시됐다. 모바일 앱 개발 벤처기업인 온디노www.ondino.com는 손 회장의 아이디어 발상법을 응용해 사용하기 쉬운 형태로 발전시킨 애플리케이션을 선보였다.

세계적인 디자인 컨설팅 기업인 아이데오www.ideo.com가 만든 카드도 아이디어 발상에 유용한 도구다. 아이데오는 지난 2003년 'ASK', 'WATCH', 'LEARN', 'TRY' 등 4개 카테고리 내 51개로 구성된 '아이데오 메소드 카드IDEO method cards'를 소개했다. 아이폰 애플리케이션으로도 지원되며, 4.99달러에 앱스토어에서 다운로드할 수 있다. 무료 버전도 제공하고 있다.

아이데오의 아이디어 카드

"작게 생각하라Think small!" 있는 것을 있는 그대로 보지 않고, 새로운 가치를 부여할 때 좋은 작품이 나온다. 작고 평범한 아이디어를 놓치지 않는 안목이 중요하다. 성공한 사람

모델을 분석해보면 이러로 일상 속 평범하고 작은 아이디어에서 출발한 경우가 많다.

2장

평범함에서
'와우wow!'를
발견하다

최근의 신문 경제면을 보면 연일 우울한 소식뿐이다. '하우스푸어 550만 명 시대', '대학등록금 반값 시위 계속', '유럽발 경제위기로 소비 위축'…. 그래서 그런지 소위 '한 방'을 꿈꾸는 이들이 많아진 것 같다. "로또만 되면 고생 끝, 행복 시작이야. 인생 뭐 있나? 한 방에 역전이지!", "고등학교 친구를 우연히 만났는데, 독립해서 오퍼상으로 자리잡아 연봉이 5억 원이란다. 에이, 난 그건 못할 것 같고… 회사 그만두고 퇴직금하고 대출 끌어모아 요즘 대박이라는 커피전문점이나 차릴까?" 등 '한 방 콤플렉스'라는 무서운 난치병에 걸린 이들을 심심찮게 볼 수 있다. 하지만 이렇게 어려운 때일수록 '작게 생각하라Think small'라는 슬로건을 되새겨보아야 한다. 힘들수록 허황된 한 방보다는 탄탄한 기본으로 돌아가는 자세가 더 중요하지 않을까?

몇 년 전 우연히 만난 한 사진작가는 사진을 잘 찍으려면 피사체를 볼 때 '작은 것은 크게, 큰 것은 작게 보라'고 조언했다. 사진을 찍을 때 아주 작고 평범한 피사체는 그냥 지나치는 게 보통이지만, 있는 것을 있는 그대로 보지 않고 새로운 가치를 부여할 때 좋은 작품이 나오는 경우가 많다.
사진과 마찬가지로 '신규 사업'이라는 피사체를 가장 잘 찍는 방법 역시 '작고 평범한 아이디어를 놓치지 않는 안목'이 아닐까 싶다. 성공한 사업 모델을 분석해보면 의외로 일상 속 평범하고 작은 아이디어에서 출발한 경우가 많다. 이번 장에서는 이러한 하이디어의 대표 사례를 소개하고, 이를 집중 분석해보고자 한다.

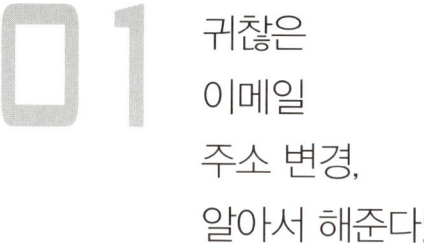

01 귀찮은 이메일 주소 변경, 알아서 해준다!

플락소
www.plaxo.com

사회생활을 하다 보면 어쩔 수 없이 이메일 주소를 바꿔야 할 때가 있다. 예를 들어 회사를 옮기거나, 업무상 용량이 더 큰 이메일이 필요한 경우다. 그런데 이때 피할 수 없는 고민이 하나 떠오른다. '바뀐 내 이메일 주소, 어떻게 사람들한테 다 알려주지?'

나도 회사를 옮길 때 바뀐 이메일 주소를 사람들에게 알리는 것이 큰 걱정거리였다. 친한 사람들에게는 미리 메일을 보내 이직 사실을 전하고 새로운 이메일 주소를 알려줬지만, 이따금 메일로 소식을 주고받는 거래처 사람들이나 업무 관계자들에게는 이런 메일을 보내기도 애매하고 안 보내기도 애매했다.

플락소는 이런 사람들의 니즈를 잘 포착해 사업 모델로 만들어낸 사례다. 플락소의 하이디어 모델은 '이메일 주소를 바꿀 때 그동안 자신과 접촉했던 모든 사람들에게 자동으로 바뀐 주소를 전달해주는 것'이다. 지인들의 전화번호, 이메일 주소, 집주소 등이 변경될 때마다 자동으로 업데이트해주는 나만의 온라인 주소록인 셈이다.

2002년 스탠퍼드 학생인 토드 매소니스, 카메론 링과 음악 다운로드 사이트인 '냅스터'를 만든 션 파커가 공동 창업한 이 회사는 MS의 이메일 프로그램인 아웃룩과 아웃룩 익스프레스의 주소록 기능을 활용해 인터넷으로 연결된 사람들의 최신 주소와 전화번호가 자동 업데이트되는 서비스를 제공한다.

따라서 주변 사람들이 플락소를 많이 이용하면 할수록 업데이트는 쉬워진다. 또한 아웃룩, 구글 캘린더, 맥Mac, 윈도 모바일, 야후 캘린더, 페이스북 등 다양한 서비스에 대한 안정화된 동기화 솔루션을 제공해 인기를 얻고 있다. 플락소는 기본 기능을 갖춘 베이직 서비스는 무료로 제공하고 프리미엄 서비스인 '퍼스널 어시스턴트'를 월 7달러에 제공해 수익을 창출하고 있다.

알고 보면 허탈할 정도로 누구나 생각할 수 있는 간단한 서비스지만, 플락소의 인기는 폭발적이다. 그 인기의 비결은 많은 사람들이 느끼는 작은 불편을 발견하고 이를 해소해준 데 있다. 이러한 인기에 힘입어 플락소는 2008년 5월 미국 최대 케이블방송 사업자인 컴캐스트에 1억 5,000만 달러에 매각되면서 새로운 도약을 꿈꾸고 있다.

플락소의 주요 특징

1. 이메일 주소, 휴대폰 번호 등 내 주소록 정보가 변경되면 지인의 주소록에도 자동으로 업데이트됨
2. 아웃룩, 구글 캘린더, 페이스북 등 다양한 서비스와 연동
3. 기본 서비스는 무료! 편의기능이 강화된 프리미엄 서비스는 유료로 제공해 수익 창출

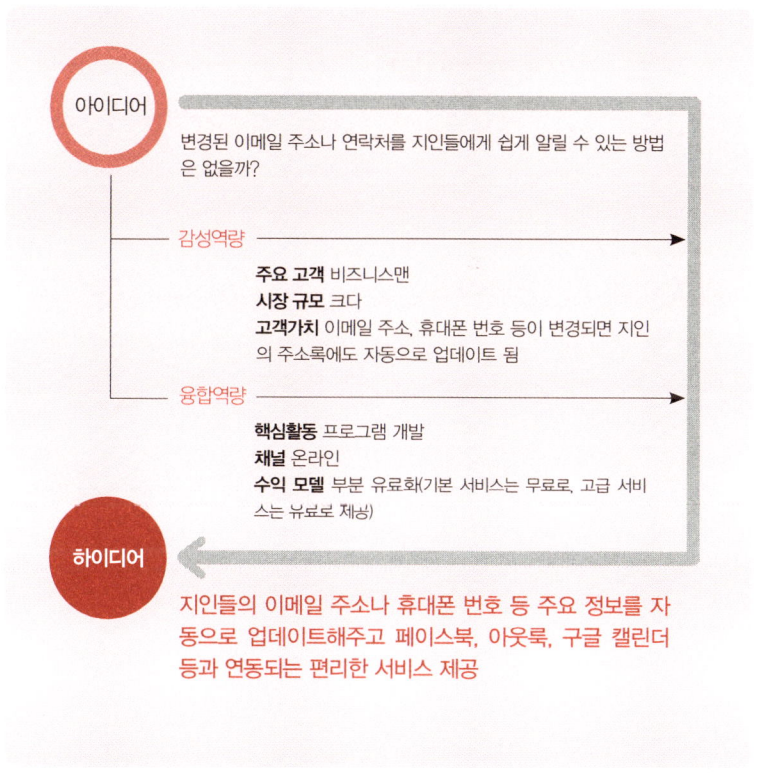

아이디어

변경된 이메일 주소나 연락처를 지인들에게 쉽게 알릴 수 있는 방법은 없을까?

감성역량

주요 고객 비즈니스맨
시장 규모 크다
고객가치 이메일 주소, 휴대폰 번호 등이 변경되면 지인의 주소록에도 자동으로 업데이트 됨

융합역량

핵심활동 프로그램 개발
채널 온라인
수익 모델 부분 유료화(기본 서비스는 무료로, 고급 서비스는 뉴료로 제공)

하이디어

지인들의 이메일 주소나 휴대폰 번호 등 주요 정보를 자동으로 업데이트해주고 페이스북, 아웃룩, 구글 캘린더 등과 연동되는 편리한 서비스 제공

02 신문처럼 양말도 정기구독한다,

블랙삭스닷컴
www.blacksocks.
com

바쁜 아침 출근 시간, 옷을 다 챙겨 입고 양말을 신으려고 하면 없다. 찾으려고 허겁지겁 하다 보면 시간은 속절없이 흘러간다. 간신히 찾은 양말은 불행하게도 짝이 안 맞는다. 비슷한 색으로 겨우 짝을 맞춰 신고 뛰어나가 만원 지하철에 몸을 구겨넣은 후에야 비로소 안도의 한숨을 내쉬지만 어딘지 모르게 기분이 찜찜하다.

오전 근무를 마치고 점심시간에 중요한 미팅이 있어 좌식 음식점에 들어갔는데, 아뿔싸… 양말에 도토리만 한 구멍이 나 있다. 이럴 땐 정말 쥐구멍이라도 찾고 싶은 심정이다.

　이처럼 양말은 평소엔 흔하다가도 막상 필요할 때 없거나, 제 구색을 맞추지 못해 사람들의 애간장을 녹이는 묘한 물건이다.

　블랙삭스닷컴은 이런 사람들의 애절한(?) 마음을 알아차리고 정기적으로 새 양말을 택배로 보내주는 하이디어 모델을 고안해냈다. 양말socks을 구독subscription하는 방식이니 두 단어를 합치면 '삭스크립션Sockscription' 모델이라고 할 수 있다.

　이 서비스를 이용하면 굳이 마트나 백화점에 나가서 양말을 고르지 않아도 일정한 기간마다 집에서 편하게 양말을 받아볼 수 있어 매우 편리하다. 막상 듣고 보면 '이렇게 평범할 수가 있을까?'라는 생각이 들만큼 색다를 게 없는 아이디어지만, 블랙삭스닷컴의 창업자는 여태 아무도 시도하지 않았던 양말을 배달하는 사업 모델을 만들어낸 것이다.

　고객이 사이트에 방문해서 마음에 드는 양말의 소재와 컬러, 사이즈를 선택하고 구독을 신청하면 3켤레가 즉시 배달되고, 4개월 후 3켤레, 그리고 8개월 후 마지막 3켤레를 보내주는 방식으로 1년에 3번씩 총 9켤레의 양말을 배달해준다.

　구독료는 제품이나 배달횟수에 따라 차이는 있지만 대략 90달러에서 180달러 내외다. 사이트 이름처럼 처음에는 검정색 양말만 판매하다가 지금은 갈색, 회색 등 다양한 컬러도 취급하고 있고 양말뿐 아니라 속옷이나 티셔츠도 판매하는 등 판매 아이템을 넓혀가고 있다.

　지금도 블랙삭스닷컴은 전 세계 75개국, 6만 명의 정기구독 회원의 집과 사무실로 열심히 양말을 배달하고 있다.

블랙삭스닷컴의 주요 특징

1. 양말을 집이나 사무실로 배달

2. 원하는 양말의 색상, 사이즈, 소재도 선택 가능

3. 개인뿐 아니라 기업 대상으로도 판매

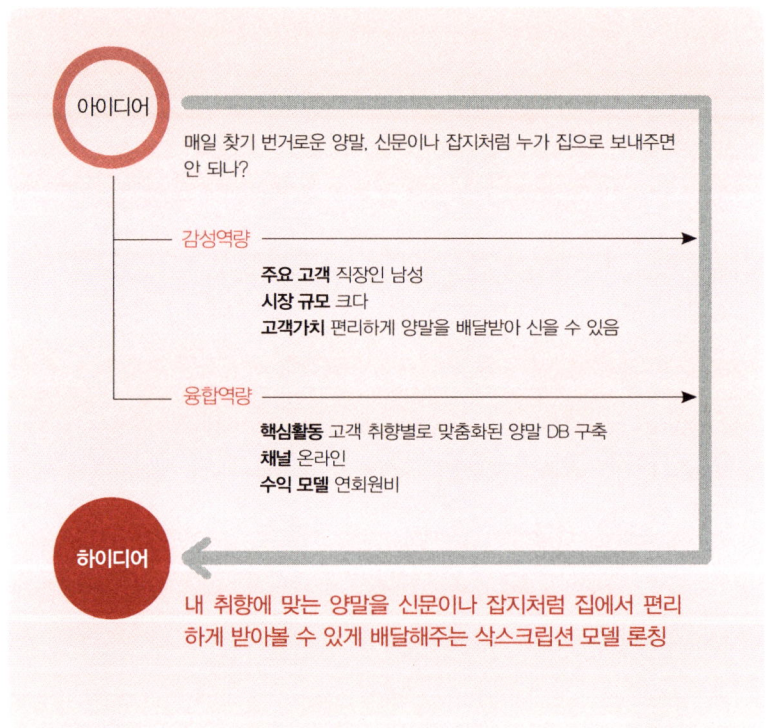

03

옥석을 가려내
선보이는
한 차원
높은
쇼핑 공간,

랭킹랭퀸
www.ranking-
ranqueen.net

여러 종류의 물건을 한눈에 쉽게 찾을 수 있게 진열
해놓은 편의점. 동네 곳곳에 포진해 언제 어느 때나
쉽게 방문할 수 있는 오프라인 매장이다. 그런데 막
상 편의점에 가보면 물건이 너무 많아 무엇을 골라
야 할지 난감할 때가 있다. 이는 비단 물건을 구매하
는 이들만의 고민은 아니다. 편의점을 운영하는 업주
들도 고객들이 무엇을 선호할지 몰라 되도록 다양한
물건을 구비해놓는 경우가 많다. 소비자도, 판매자도
시행착오를 줄일 수 있는 방법은 없을까?

이러한 고민을 해결하기 위한 시도를 한 곳이 있으

니, 일본 여행을 다녀온 사람들은 으레 한번쯤 방문해봤을 정도로 유명
한 '랭킹랭퀸'이다.

랭킹랭퀸은 분야별로 판매량 1위에서 5위까지 아이템만 취급하는 오
프라인 매장이다. 온라인 홈페이지 역시 함께 운영하고 있다. 매장에 들
어서면 가장 먼저 눈에 띄는 것은 진열된 상품 앞에 놓인 순위표다. 가장
잘 팔리는 상품 1위, 2위, 3위, 4위, 5위… 이와 더불어 곧 랭킹에 진입할
유망주도 1위부터 5위까지 소개하고 있다. 마치 대형 서점의 베스트셀러
목록을 보는 것 같다.

랭킹랭퀸의 순위는 공신력 있는 기관에서 발표한 객관적인 데이터를
참조해 소비자들의 신뢰를 얻고 있다. 음반의 경우는 오리콘 차트를, 기

타 생활용품은 편의점과 백화점 등 주요 대기업의 판매현황 누적자료를 집계해 활용한다. 신뢰도 높은 자료를 바탕으로 엄선해 진열된 물건만 판매하므로 고객들은 일반 매장에서 쇼핑할 때보다 훨씬 편하게 제품을 고를 수 있어 만족도가 높다. 또한 물건을 사지 않더라도 사람들이 많이 찾는 인기 제품이 무엇인지에 대한 정보를 얻을 겸, 지나가는 길에 구경이라도 할 겸 한번이라도 더 들르게 된다.

이처럼 랭킹랭퀸은 좀 더 효율적으로 물건을 판매하고 구입할 수 있게 하며, 더불어 최신 트렌드를 알려주는 '트렌드 헌팅 장소'가 되었다.

랭킹랭퀸은 '상위 20%가 매출의 80%를 책임진다'는 가설을 철저히 증명하고 있다. 상위 20%의 상품들만 존재하기 때문에 방문한 고객이 구매로 이어지기까지 고객 유실률이 거의 없는 안정적인 시스템을 확보하고 있는 것이다. 그뿐 아니라 현재 베스트셀러는 아니지만 '곧 랭킹에 진입할 상품' 역시 고객의 자발적 참여와 호기심을 충족시켜 잠재된 소비욕구를 깨우는 하이디어로 평가받고 있다.

랭킹랭퀸의 주요 특징

1. 분야 아이템별 베스트셀러 top 5와 곧 베스트셀러 랭킹에 진입할 유망 제품 top 5를 판매
2. 믿을 수 있는 데이터를 기준으로 하여 신뢰도 제고
3. 현재 가장 '핫'한 상품이 무엇인지 알려주는 '트렌드 헌팅 장소'로 포지셔닝

아이디어

'잘 팔리는 제품'만 팔면 소비자도, 판매자도 편하고 좋지 않을까?

감성역량

주요 고객 일반 대중
시장 규모 크다
고객가치 아이템별 인기 순위를 제공해 제품 구매시 참고 자료로 활용할 수 있게 함

융합역량

핵심활동 공신력 있는 데이터를 기반으로 최신 인기 아이템을 순위별로 진열
채널 편의점
수익 모델 제품 판매

하이디어

누구나 손쉽게 방문할 수 있는 편의점에서 분야 아이템별 베스트셀러 'top5'와 곧 베스트셀러에 오를 'top5'만을 순위별로 진열, 판매

04

세상에서
가장 작은
광고판을
파는 곳,

밀리언달러
홈페이지
www.milliondoll-
arhomepage.com

망망대해 같은 인터넷을 활용해 돈을 번 '현대판 봉이
김선달'이 한때 큰 화제가 되었다. 당시 21세였던 영국
의 대학생 알렉스 튜가 그 주인공으로, 조그만 하이디어
하나로 불과 4개월 만에 52만 파운드(약 9억 3,000만 원)
이상을 벌어들였다.

　대학에서 경영학을 전공하던 알렉스는 등록금과 용돈
을 걱정하는 평범한 학생이었다. 그러던 어느 날 아침,
갑자기 기발한 아이디어 하나가 그의 뇌리를 스쳤다. '
인터넷 홈페이지 화면을 광고판으로 만들면 어떨까?'
수백만 개의 픽셀로 이루어진 사이트 전체 화면을 쪼개

밀리언달러홈페이지 홈페이지

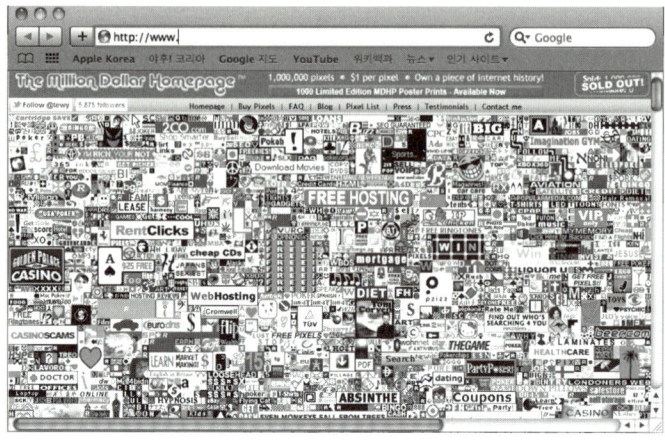

서 광고판으로 판매하는 것이다. 사이트를 방문해 광고를 클릭하면 해당 사이트로 연결되도록 하고, 광고주에게 비용을 지불하게 한다는 것이 그의 하이디어. 그는 1픽셀당 1달러의 요금을 책정했다. 이렇게 해서 탄생한 것이 '밀리언달러홈페이지'다.

밀리언달러홈페이지는 단 하나의 접속 경로와 단 하나의 메인 페이지를 제공하는 극도로 단순한 사이트다. 한눈에 모든 것이 들어오는 광고판으로, 어떤 선별기준도 제공하지 않으므로 사람들은 갖가지 기발한 아이디어가 넘치는 광고를 구경하고 스스로 보고 싶은 사이트만 선택해 접속한다. 재밌고, 단순하며, 오픈되어 있어 고객들이 주도권을 갖는다. 이것이 바로 밀리언달러홈페이지가 사람들의 마음을 사로잡은 비결이라 할 수 있다.

누구나 만들 수 있고, 누구나 생각할 수 있을 것 같은 다소 황당한 아이디어를 발전시켜 하이디어로 구체화한 결과, 밀리언달러홈페이지는 오픈 후 4개월 만에 약 100만 달러를 거둬들인 최고의 수익 모델이 되었다.

밀리언달러홈페이지의 주요 특징

1. 사이트 픽셀을 광고 공간으로 활용(1픽셀=1달러)
2. 하위 페이지도, 콘텐츠도 없이 메인 페이지에 순수하게 광고만 노출
3. 별다른 특징이 없는 것이 바로 밀리언달러홈페이지의 특징

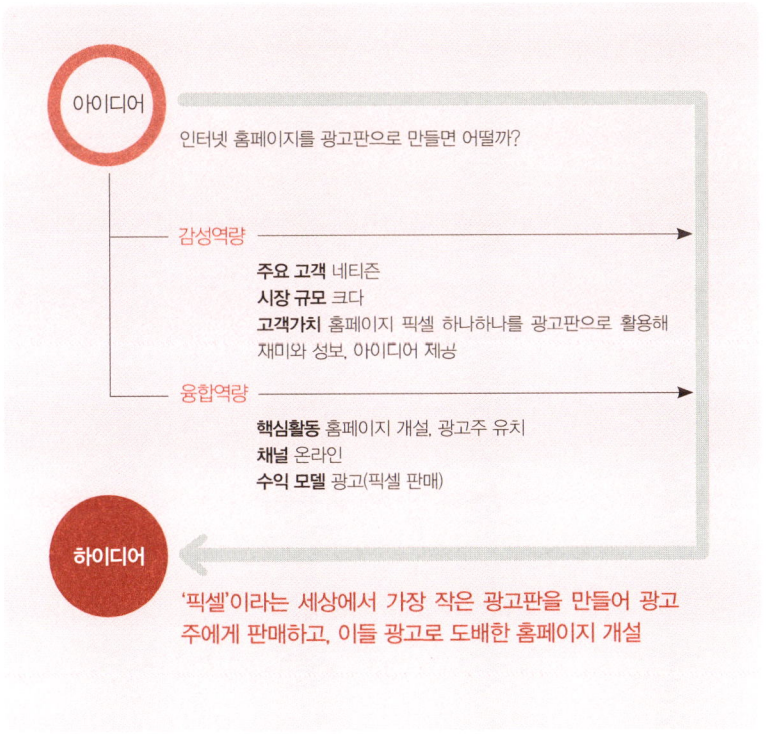

아이디어

인터넷 홈페이지를 광고판으로 만들면 어떨까?

감성역량

주요 고객 네티즌
시장 규모 크다
고객가치 홈페이지 픽셀 하나하나를 광고판으로 활용해 재미와 정보, 아이디어 제공

융합역량

핵심활동 홈페이지 개설, 광고주 유치
채널 온라인
수익 모델 광고(픽셀 판매)

하이디어

'픽셀'이라는 세상에서 가장 작은 광고판을 만들어 광고 주에게 판매하고, 이들 광고로 도배한 홈페이지 개설

05 당신의
생각에
체크인한다,

핫포테이토

어린 시절, 친구들과 운동장에서 '땅따먹기 게임'을 해본 적 있는가? 조그만 돌멩이를 손가락 끝으로 튕겨서 3번 만에 내가 만든 동그라미 안으로 들어오는 땅따먹기 게임은 별다른 놀거리가 없던 당시 초등학생들에게 엄청난 인기를 끌었다. 손과 옷이 흙먼지로 지저분해져 엄마에게 꾸중을 듣는다는 게 단점이긴 했지만 말이다.

하지만 스마트 시대에는 걱정 없이 마음껏 땅따먹기를 즐길 수 있다. 게임이 운동장이 아닌 사이버 공간에서 이루어지기 때문이다. 위치기반 소셜네트워크서비스인 포스퀘어www.foursquare.com는 '사이버 땅따먹기 서비스'로 엄청난 인기를 얻었다.

이용방법은 간단하다. 레스토랑, 대학교, 카페, 야구장 등 특정 장소에 왔을 때 스마트폰에 다운받은 포스퀘어 앱을 실행시키고 '체크인' 버튼을 누르면 자신이 이곳에 왔다는 인증을 하게 된다. 이 체크인 수치가 높아질수록 지위가 올라가고 활동량에 따라 배지를 받을 수 있는 게임의 법칙을 제공하고 있다. 사용자는 이를 통해 '메이어mayor', 즉 시장이 될 수 있으며 많은 '친구'를 등록하면 더 멋진 배지를 받을 수 있다. 그렇다면 우리나라에서 가장 많이 체크인이 된 곳은 어디일까? 다름 아닌 서울 강남역이다. 2009년 3월 정식 서비스를 시작한 포스퀘어는 2011년 말 가입자 수가 1,000만 명을 넘어섰고, 현재 시장 가치는 10억 달러에 달할 만큼 인기가 높다.

그런데 이렇게 잘나가는 포스퀘어 서비스에 의문을 제기한 이가 있다. "왜 특정 장소에만 체크인을 할까? 사람들의 관심이나 생각에도 체크인 할 수 있지 않을까?" 그리고 생각을 같이하는 사람들과 함께 '핫포테이토'라는 말 그대로 뜨거운 감자가 될 만한 서비스를 출시했다. 남들이 위치기반 '장소'에 매달릴 때 '사람들의 관심'이라는 새로운 가치를 만들어낸 것이다.

구미가 당기는 이야기다. 사용자는 영등포 타임스퀘어에 위치한 CGV에서 체크인을 했지만, 정말 체크인하고 싶었던 대상은 보고 싶은 영화인 〈범죄와의 전쟁〉일 수도 있으니까.

핫포테이토 애플리케이션

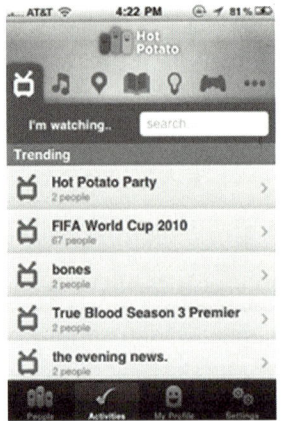

  2009년 11월 서비스를 시작한 스타트업 핫포테이토는 체크인 기능을 지닌 위치기반 소셜네트워크서비스를 제공한다. 'I'm watching…', 'I'm attending…' 등의 형태로 모든 행동을 다른 사용자들과 실시간으로 공유할 수 있도록 구성했다.

  독특한 것은 'I'm thinking about…'처럼 내가 지금 생각한 것에 대한 체크인까지도 가능하다는 점이다. 앞서도 이야기했듯 포스퀘어가 주로 학교, 음식점, 카페, 유적지 등 장소에 대한 체크인 서비스라면 핫포테이토는 사람의 생각이나 행위에 대한 체크인 서비스를 제공하는 점이 포인트인 셈이다. 기존의 놀라운 아이디어에 새로운 아이디어를 더해 하이디어를 탄생시킨 사례다. 최근 핫포테이토는 페이스북에 인수되어 새로운 도약을 준비하고 있다.

핫포테이토의 주요 특징

1. 스마트폰을 통해 현재 사람들의 관심사에 체크인하는 서비스 제공
2. 위치정보와 사람들의 관심사를 결합

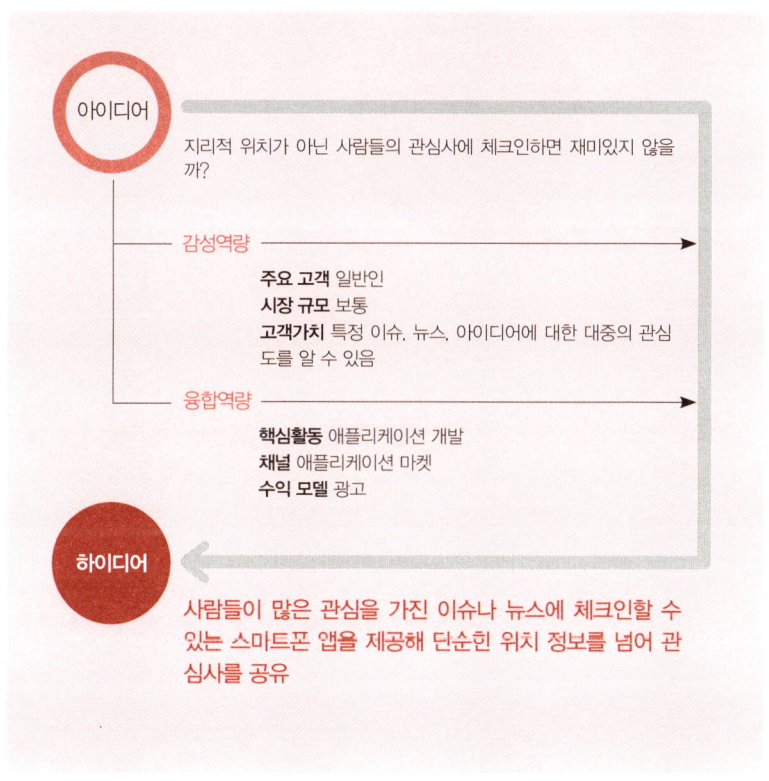

아이디어

지리적 위치가 아닌 사람들의 관심사에 체크인하면 재미있지 않을까?

감성역량

주요 고객 일반인
시장 규모 보통
고객가치 특정 이슈, 뉴스, 아이디어에 대한 대중의 관심도를 알 수 있음

융합역량

핵심활동 애플리케이션 개발
채널 애플리케이션 마켓
수익 모델 광고

하이디어

사람들이 많은 관심을 가진 이슈나 뉴스에 체크인할 수 있는 스마트폰 앱을 제공해 단순한 위치 정보를 넘어 관심사를 공유

06

이곳에선
내 마음대로
주차한다!

주차왕

아이디어는 단순하다. '주차'와 '단속'이라는 물고 물리는 싸움에서 누가 승리하느냐 하는 재미난 호기심에서 출발했다. 국내 벤처기업 네모스튜디오에서는 이러한 평범한 아이디어에 여러 가지 재미를 결합해 스마트폰용 애플리케이션 게임 '주차왕'을 출시했다. 오늘도 주차할 자리를 못 찾고 이 골목 저 골목 다람쥐처럼 뱅글뱅글 도는 운전자들의 마음을 들여다보고 게임으로나마 이러한 불만을 해소시킬 수 있는 장을 제공한 것이다.

주차왕 애플리케이션

　　주차왕은 현재 자신의 위치를 기준으로 일정 반경 이내에 자신의 차를 주차하거나, '폭탄'을 활용해 다른 차를 단속하는 게임이다. 이용자는 실제 위치에 가상의 차를 주차하거나, 반대로 주차된 차를 단속하며 사이버머니인 골드를 벌고 경험치를 쌓을 수 있다.

　　처음 애플리케이션을 다운로드받아 실행시키면 가장 작은 차종인 '스마트'가 주어진다. 스마트는 주차 후 15분이 지나면 차를 빼야 한다. 이시간에 맞춰 차를 빼고 주차하기를 반복해야 골드를 많이 벌 수 있다. 차종별로 주차시간과 수입이 달라, 오래 주차할 수 있고 한번에 많은 돈을 벌 수 있는 더 비싼 차를 갖고 싶도록 동기부여도 한다. 폭탄을 활용하거나 내 차를 지킬 수 있는 '실드'를 이용하여 경찰의 단속을 피하거나 다른 사람의 골드를 빼앗는 재미도 있다.

그런가 하면 친구가 있으면 친구의 주차공간으로 '워프'하여 내 차를 그곳에 주차시킬 수도 있다. 특히 트위터와 연동돼 트위터 계정에 로그인하는 것만으로 게임을 즐기는 것이 가능하다. 트위터 팔로어 수가 많으면 많을수록 그만큼 여러 동네에 주차할 수 있기 때문에 단속의 위험을 낮출 수 있어 유리하다.

기본 실행은 무료지만, 게임을 더 재미있게 즐길 수 있도록 돕는 아이템을 구매하기 위한 별도의 유료 스토어도 운영하고 있다. 차고 확장, 실드 10개 팩, 폭탄 10개 팩 등을 구매하도록 해 수익을 거두는 구조를 마련했다.

누구나 일상에서 한번쯤 겪을 만한 주차문제에서 아이디어를 떠올리고, 이를 놓치지 않고 발전시켜 하이디어로 발전시킨 주차왕. 현실 세계와 가상 세계를 결합해 색다른 재미를 선사하는 주차왕은 2010년 9월 출시 이후 2012년 1월 말 기준 누적 가입자 5만 명을 넘어서며 큰 인기를 끌고 있다.

주차왕의 주요 특징

1. 주차와 게임을 결합한 애플리케이션
2. 소셜미디어와 연동하여 친구가 많을수록 재미 요소도 상승
3. 애플리케이션 구동은 무료, 가상 아이템 구매는 유료로 설정해 부분 유료화 모델 구현

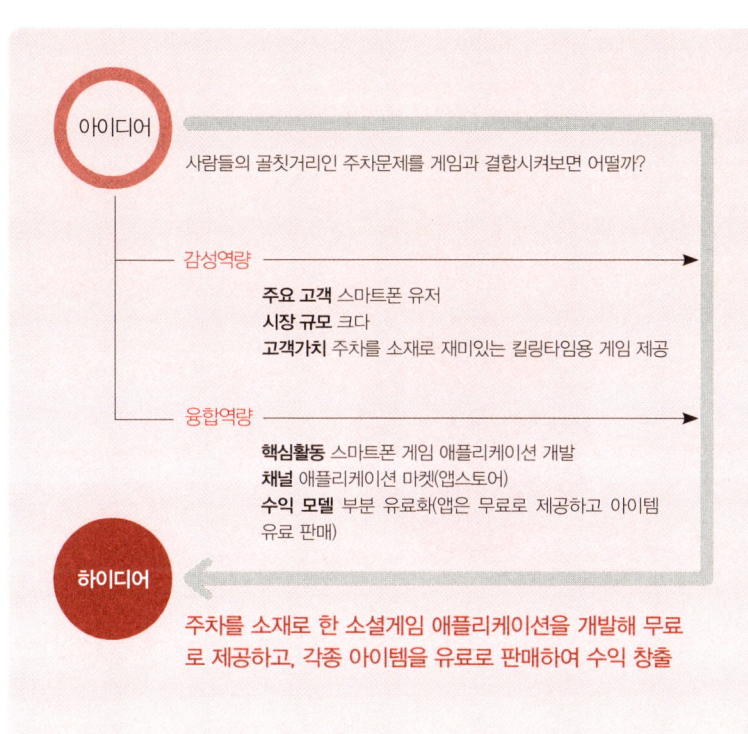

아이디어

사람들의 골칫거리인 주차문제를 게임과 결합시켜보면 어떨까?

감성역량

주요 고객 스마트폰 유저
시장 규모 크다
고객가치 주차를 소재로 재미있는 킬링타임용 게임 제공

융합역량

핵심활동 스마트폰 게임 애플리케이션 개발
채널 애플리케이션 마켓(앱스토어)
수익 모델 부분 유료화(앱은 무료로 제공하고 아이템 유료 판매)

하이디어

주차를 소재로 한 소셜게임 애플리케이션을 개발해 무료로 제공하고, 각종 아이템을 유료로 판매하여 수익 창출

07 맞대는
것으로
충분한
디지털 명함,

포켄
www.poken.com

사회생활을 하다 보면 누군가를 소개받거나 소개하
는 자리가 많다. 이때 자신을 알리는 도구로 주로 쓰
이는 것이 명함이다. 그러나 명함을 받고 나중에 꺼
내보면 '이 사람이 누구였더라?' 하고 기억이 잘 나지
않아 당황했던 기억, 누구에게나 한번쯤 있을 것이
다. 종이 명함 한 장으로는 그 주인에 대해 자세히 알
수 없기 때문이다. 이러한 불편함을 해소하는 방법은
없을까 하는 고민에서 출발한 것이 포켄이다.

'소셜 비즈니스 카드'를 지향하는 포켄은 작은 USB

포켄 USB

장치로, 네모난 일반형에서부터 팬더, 호랑이, 닌자 등을 활용한 작고 귀여운 캐릭터 모양까지 디자인도 다양하다. 요즘 많이 사용하는 소셜미디어와 연동되는 일종의 전자 명함으로, 평범한 아이디어에서 시작된 하이디어 모델의 사례 중 하나다.

포켄은 내부에 전파식별칩인 RFID칩이 내장되어 있어, 서로의 포켄을 맞대는 순간 상대방의 정보를 손쉽게 교환할 수 있다.

예를 들어 비즈니스 미팅이나 파티에서 상대방의 포켄과 접촉한 후에 내 PC에 포켄 USB를 꽂는다. 그러면 나의 리스트에 상대방의 정보가 자동으로 추가되는 것뿐 아니라 동시에 페이스북, 마이스페이스, 트위터, 링크드인 등 40여 개의 주요 소셜미디어 사이트로 연동되어 아주 손쉽게 친구로 등록할 수 있다. 파티나 클럽 등 오프라인 만남의 자리에서 자신의 프로필이나 블로그 URL, 트위터, 페이스북의 ID등을 간편하게 교환할 수 있도록 해 온라인 만남까지 주선하는 것이다. 오프라인 인맥이 온라인 인맥으로까지 확장되어 소셜네트워크에서도 관계를 유지할 수 있

게 하는 이러한 기능 덕에 포켄은 '소셜 비즈니스 카드'라고도 불린다.

실제로 '도쿄CGM나이트'라는 일본의 한 파티에서도 이 재미있는 명함이 발표돼 큰 인기를 끌었다. 어도비, BMW, IBM 등도 내부 행사에서 포켄을 활용해 좋은 반응을 얻었다고 한다.

비즈니스 현장에서 밥 먹듯 사용되는 명함에 주목하고, 이에 색다른 하이디어를 발휘한 포켄은 스마트 시대를 맞이해 그 활용 가능성이 더욱 높을 것으로 점쳐진다.

포켄의 주요 특징

1. 명함과 USB, 소셜미디어의 결합
2. 종이 명함 한 장에 다 담기 힘들었던 정보를 모두 담고, 편리하게 공유 가능한 일종의 전자 명함
3. 세미나, 파티 등 오프라인 미팅으로 연결된 인연을 소셜미디어를 통해 온라인에서도 지속할 수 있음

아이디어

명함 대신 편리하게 서로의 정보를 교환할 수 있는 도구는 없을까?

감성역량

주요 고객 비즈니스맨
시장 규모 크다
고객가치 편리하게 서로의 연락처와 정보를 공유하고 소셜미디어를 통해 지속적인 관계 유지

융합역량

핵심활동 USB 형태의 포켄 개발, 소셜미디어와 연동 가능한 기술 개발
채널 온라인(아마존닷컴 등)
수익 모델 포켄 USB 판매

하이디어

편리하게 서로의 연락처와 정보를 교환하고, 오프라인에서 만난 인연을 온라인에서 지속할 수 있는 소셜 비즈니스 카드 개발

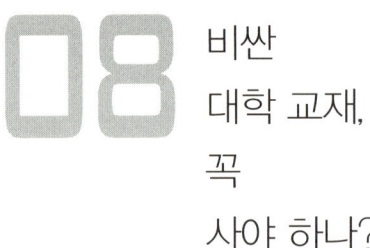

08 비싼 대학 교재, 꼭 사야 하나?

체그
www.chegg.com

요즘 대학생과 대학원생들은 신학기가 시작되는 것이 두렵다. 비싼 등록금을 내고 새학기 수강신청을 했지만, 수업교재 가격이 만만치 않기 때문이다. 강의 하나당 주교재와 부교재로 사용하는 책만 3~4권이 넘는데 이걸 다 구입하려니 10만 원이 훌쩍 넘는다. 그렇다고 도서관에서 빌리자니 대출된 지 오래고, 복사하자니 번거롭기도 할뿐더러 양심에도 걸린다.

대학교재 렌털 서비스 체그는 이처럼 수업 시간에 필요한 전공서적을 매번 구입하기는 부담스러운 학생들의 아픔을 들여다본 비즈니스 모델이다. 전공서적은 수업이 끝나면 다시 들춰볼 일이 많지 않지만, 가격은 수만 원 대로 비싸다. 체그는 이 점에 착안해 서비스를 고안했다.

체그의 슬로건은 '사지 마세요don't buy it'다. 비싼 교재를 사지 말고 필요한 기간 동안만 빌려 쓰라는 것이다. 통계를 보면 미국 대학생들은 매년 교과서 구입비로 평균 657달러 정도를 지출했으나, 체그를 이용하면 절반 정도인 평균 334달러에서 해결할 수 있는 것으로 나타났다. 책을 대여하는 프로세스도 매우 간단해 찾고, 빌리고, 돌려주는 것으로 끝난다. 아이폰 앱을 통해 모바일로도 손쉽게 이용이 가능하다. 대여한 책이 마음에 안 들 경우 1개월간 무료 교환 및 환불도 가능하다.

또한 체그는 미국 산림청과 함께 회원들이 책을 팔거나 빌릴 때 거래 1 건당 나무 1그루를 심는 환경운동을 펼치고 있다. 학생이 체그에서 원하는 전공서적을 검색한 다음 이를 대여하고, 학기가 끝나고 책을 반납하면 그 학생 이름으로 나무 1그루를 심는 프로세스다. 이렇게 심은 나무가 벌써 500만 그루라고 한다. 책값도 아끼고 지구도 살릴 수 있으니 일석이조다.

체그에 한 가지 아이디어를 보탠다면, 자동차 쉐어링 서비스를 제공하는 집카Zipcar처럼 위치기반 서비스를 활용하는 것은 어떨까? 내가 원하는 전공서적을 갖고 있는 근처의 회원을 바로 연결해주어, 번거롭게 택배로 주고받을 필요 없이 바로 원하는 책을 얻을 수 있다면 더욱 편리하지 않을까 하는 생각이 든다.

1. 학기 중에만 필요한 값비싼 전공서적을 빌려볼 수 있는 서비스 제공
2. 책이 거래되면 고객의 이름으로 나무를 심는 환경보호운동 실시

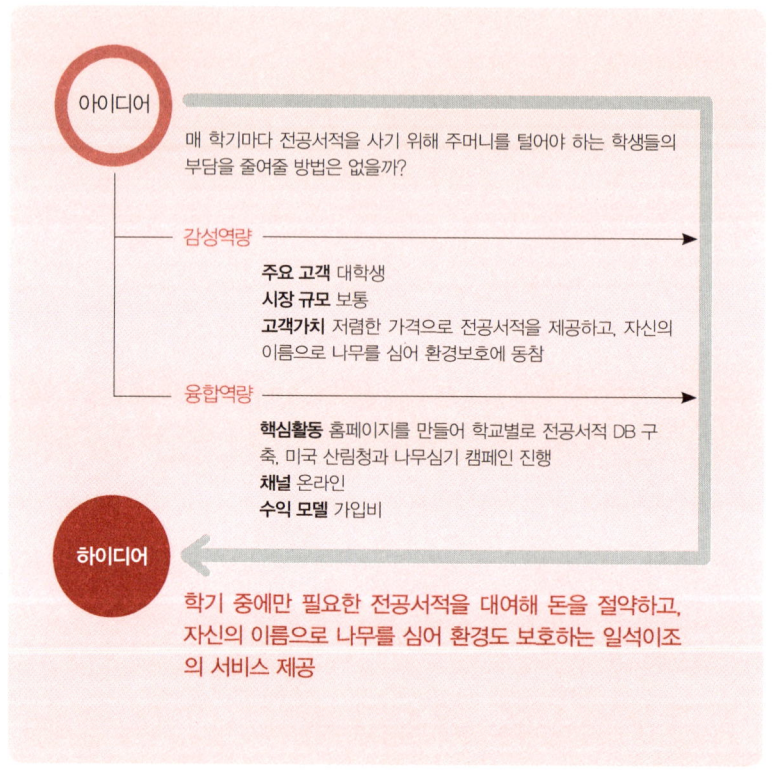

아이디어

매 학기마다 전공서적을 사기 위해 주머니를 털어야 하는 학생들의
부담을 줄여줄 방법은 없을까?

감성역량

주요 고객 대학생
시장 규모 보통
고객가치 저렴한 가격으로 전공서적을 제공하고, 자신의
이름으로 나무를 심어 환경보호에 동참

융합역량

핵심활동 홈페이지를 만들어 학교별로 전공서적 DB 구
축, 미국 산림청과 나무심기 캠페인 진행
채널 온라인
수익 모델 가입비

하이디어

학기 중에만 필요한 전공서적을 대여해 돈을 절약하고,
자신의 이름으로 나무를 심어 환경도 보호하는 일석이조
의 서비스 제공

09 어떤
질문이든
1시간 내
답변한다,

저스트앤써
www.justanswer.
com

저스트앤써는 네이버 지식iN처럼 Q&A 서비스를 제공하는 사이트다. 평소 이런 Q&A 서비스를 사용하다 보면 느끼게 되는 불편함 중 하나가, 내가 한 질문에 대한 답변이 언제 올라올지 모른다는 것이다. 일반적인 경우 24시간 내에 답변이 달리지만, 질문자 입장에서는 좀 더 빨리 원하는 답변을 얻고 싶기 마련이다. 또한 그 답변이 신뢰할 만한 것인지 궁금해한다.

이러한 사용자들의 마음을 깊이 헤아린 저스트앤써는 1시간 내에 전문적인 답변을 제공하는 '익스프레스 서비스'를 운영한다. 무료는 아니며, 익스프레스 서비스를 이용하려면 돈을 지불해야 한다. 하지만 비용이 들더라도 원하는 질문에 대해 신뢰할 만한 답을 1시간 내로 받을 수 있으니, 시간이 곧 경쟁력인 비즈니스맨들에게는 매력적인 조건이다.

저스트앤써에는 1,900만 명의 사용자와 2만 명이 넘는 전문 답변자들이 있으며, 카테고리 또한 건강, 의료, 법률, 기계, 자동차 등 150여 개에 달한다. 질문자는 질문을 등록하기 전 해당 전문가의 프로필과 과거 답변을 보고 전문성을 판단할 수는 있으나, 특정 전문가를 선택해 질문할 수는 없다. 답변에 대한 지불 금액은 10~30달러 내에서 선택할 수 있어 부담스럽지 않다.

답변자들은 답변 수와 채택률에 따라 총 4단계 등급으로 구분된다. 등급에 따라 질문자가 지불하는 금액의 최소 25%에서부터 최대 50%까지 받을 수 있다. 답변자는 수익이 20달러 이상이 되면 저스트앤써에 자신의 수익금을 청구할 수 있다. 이들은 월 20~1,000달러 정도의 수익을 얻고 있으며, 수익보다는 재미와 지식공유에 더 큰 의의를 둔다고 한다.

저스트앤써의 주요 특징

1. 믿을 수 있는 전문가가 1시간 내에 빠른 답변 제공
2. 2만 명에 달하는 분야별 답변 전문가를 활용해 신뢰도를 높임
3. 전문 답변자에게 레벨을 부여하고 레벨에 따라 인센티브 차등 지급

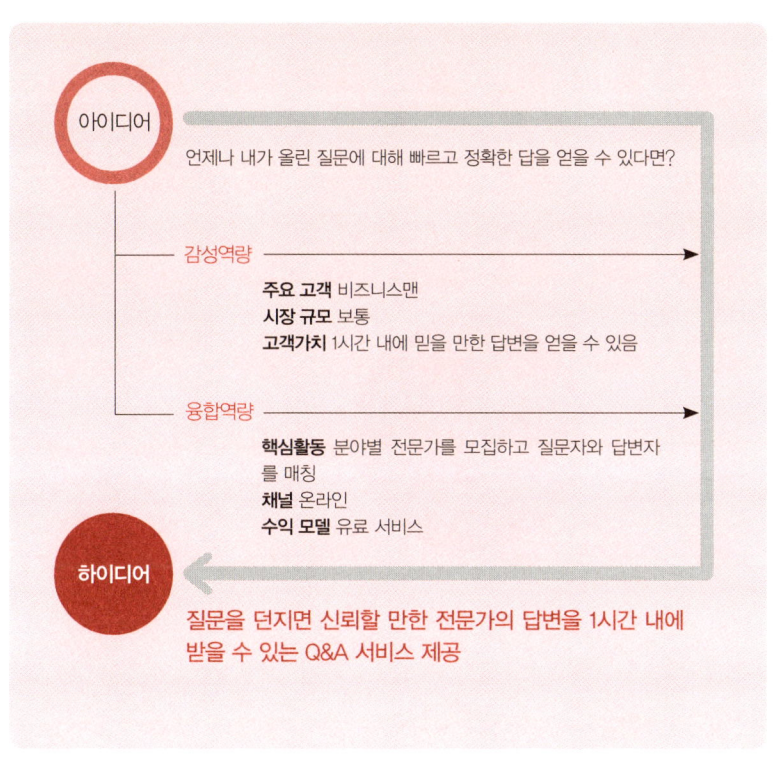

아이디어

언제나 내가 올린 질문에 대해 빠르고 정확한 답을 얻을 수 있다면?

감성역량

주요 고객 비즈니스맨
시장 규모 보통
고객가치 1시간 내에 믿을 만한 답변을 얻을 수 있음

융합역량

핵심활동 분야별 전문가를 모집하고 질문자와 답변자를 매칭
채널 온라인
수익 모델 유료 서비스

하이디어

질문을 던지면 신뢰할 만한 전문가의 답변을 1시간 내에 받을 수 있는 Q&A 서비스 제공

10

세상의
모든 소리를
모은
소리 도서관,

사운드바이블
www.soundbible.
com

유튜브는 동영상 천국, 플리커는 이미지 천국, 슬라
이드쉐어는 PPT 천국… 이처럼 요즘 인터넷에는 각
종 유용한 소스를 모아놓은 서비스가 많다. 그렇다면
소리를 모아놓은 '사운드 천국'은 없을까 하는 생각을
해봤다. 인터넷에 검색해보니 아뿔싸! 세상에는 역시
나와 같은 생각을 하는 사람이 많나 보다. 다양한 사
운드를 모아놓은 사운드 천국, 사운드바이블이 바로
검색됐기 때문이다.

　사운드바이블은 세상에 존재하는 여러 가지 소리
들을 한 자리에 모아 무료로 제공하는 사이트다. 사

운드바이블에는 그 이름에 걸맞게 온갖 소리가 다 있다. 개 짖는 소리, 차 소리, 과자 먹는 소리, 빗소리, 천둥소리, 아이들 웃음소리, 바람 소리 등 세상에 있는 모든 사운드를 집대성한 '사운드계의 위키피디아'라 할 수 있다.

그렇기에 동영상을 편집하거나 PPT 파일을 작성할 때 배경음악으로 넣고 싶은 소리가 있는데, 마땅히 구할 방도가 없을 때 유용하다. 게다가 이용도 편리하다. 사용자의 편의를 위해 회원가입 등 최소한의 절차도 요구하지 않는다. 또한 사운드바이블에 있는 수천 개의 소리를 mp3나 wav파일로 다운로드할 수도 있다.

사운드바이블에서 제공하는 사운드는 '저작권 자유copyright free'다. 원하는 사람은 누구나 가져다 사용할 수 있다. 게다가 무료다. 학생, 디자이너, 예술가, 교사 등 많은 사람들이 소리를 창의적인 일에 사용해주기를 원하기 때문이다. 또한 누구나 자신이 가진 사운드를 사운드바이블을 통해 공유할 수도 있다. 집단지성의 힘으로 소리를 모으고, 소리를 공유하는 셈이다. 이외에도 원하는 사운드를 찾을 수 없을 경우 사이트에 요청하면 제작도 해준다.

사운드바이블의 주요 특징

1. 집단지성의 힘으로 각종 사운드 아카이브 구축
2. 누구나 무료로 사용할 수 있는 저작권 자유 서비스
3. 회원가입 등 최소한의 절차도 요구하지 않음

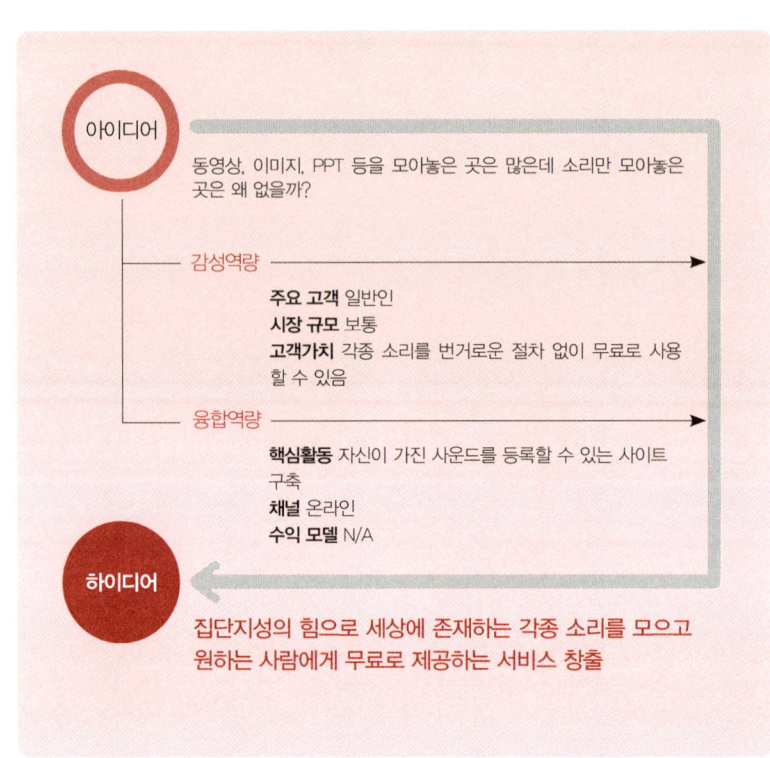

아이디어
동영상, 이미지, PPT 등을 모아놓은 곳은 많은데 소리만 모아놓은
곳은 왜 없을까?

감성역량

주요 고객 일반인
시장 규모 보통
고객가치 각종 소리를 번거로운 절차 없이 무료로 사용
할 수 있음

융합역량

핵심활동 자신이 가진 사운드를 등록할 수 있는 사이트
구축
채널 온라인
수익 모델 N/A

하이디어
집단지성의 힘으로 세상에 존재하는 각종 소리를 모으고
원하는 사람에게 무료로 제공하는 서비스 창출

11

전문
스타일리스트가
추천해주는
구두 주문
사이트,

슈대즐
www.shoedazzle.
com

몇 년 전 돈이 생기면 새로 나온 구두, 이른바 '신상 구두'를 산다는 연예인이 화제가 된 적 있다. 예쁜 구두는 그 여자 연예인뿐 아니라 모든 여자의 로망일 것이다. '패션의 완성은 구두'라는 말이 있듯, 구두는 패셔니스타의 가장 효과적인 스타일링 제품으로 사랑받아 왔다. 하지만 바쁜 일상에서 매번 구두를 사러 백화점이나 매장에 가기도 쉽지 않고, 갈 때마다 내 마음에 쏙 드는 새로운 아이템을 살 수 있다는 보장도 없다. 이러한 사람들의 고민을 해결해주는 곳이 바로 '슈대즐'이다.

2009년 5월 문을 연 이 사이트는 패션 취향에 대한 체크리스트를 통해 고객의 성향을 파악하고, 이를 기반으로 개개인에게 맞는 구두를 추천해 준다. 회원으로 가입하고 월 39.95달러(연 479달러)를 내면 섹시, 클래식 등 각자가 추구하는 스타일에 따라 스타일리스트가 추천하는 5켤레의 구두 정보를 이메일로 받을 수 있다. 신상 구두에 관심은 많은데 어떤 구두를 골라야 할지 모르겠는 사람들이나 쇼핑할 시간이 없는 사람들에게 유용한 서비스라고 할 수 있다.

매월 스타일리스트가 추천하는 5켤레의 구두 중 마음에 드는 구두 1켤레를 선택하면 집으로 무료 배송해준다. 기프트카드를 구매해 이메일로 전송할 수 있어 선물로도 유용하다. 간단한 설문을 통해 내 취향에 맞는 구두를 추천해주고 배송까지 원스톱으로 처리해 매우 편리한 것이 장점이다.

저렴한 가격으로 구두를 파는 곳이라고 얕잡아봐서는 안 된다. 슈대즐은 폴라리스 벤처 파트너 등 다수의 벤처캐피털로부터 약 6,000만 달러를 투자받은 실력 있는 벤처기업이다.

현재 슈대즐은 약 300만 명의 온라인 회원을 보유하고 있으며, 2012년 2월 말 기준 페이스북 팬도 172만 명을 넘어설 만큼 높은 인기를 얻고 있다. 배우 겸 모델로 유명한 킴 카다시안이 공동 창업해 운영하고 있으며, 국내에도 2011년 9월 1일 CJ오쇼핑이 론칭한 '슈대즐코리아'가 현재 운영 중이다.

슈대쥴의 주요 특징

1. 스타일 체크리스트를 통해 파악한 취향을 바탕으로 전문 스타일리스트가 내게 맞는 신발 5켤레를 월 1회 추천
2. 추천에서 쇼핑, 주문, 수령까지 한 번에 가능하도록 원스톱 서비스 제공
3. 기프트카드를 통해 지인에게 선물할 수도 있음

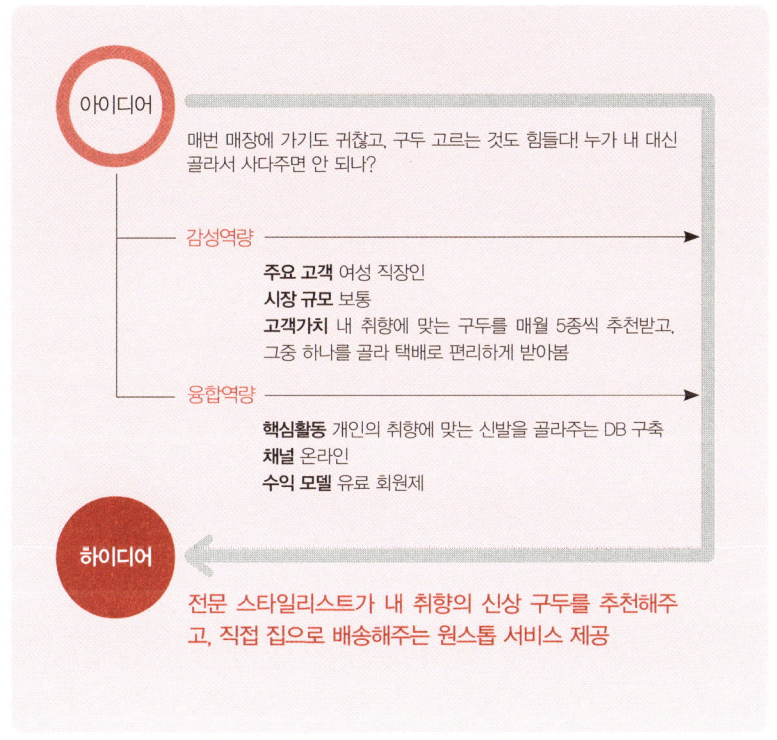

12

곤충 채집도
스마트 시대,

아이벅스

여름이 다가오면 잠자리채를 들고 뛰어다니며 잠자리, 나비 등 곤충을 채집해 학교 숙제로 제출했던 어릴 적 기억이 생생하다. 하지만 요즘 도심에서는 곤충 채집은커녕 이런 곤충들을 보기조차 어려운 것이 현실이다. 애플리케이션 아이벅스는 현재 멸종됐거나 사라져가는 곤충들을 21세기형 '디지버그Digi-bug'로 제작해 아이들이 다양한 곤충에 대한 지식을 자연스럽게 습득할 수 있는 서비스를 제공하고 있다.

아이벅스는 증강현실AR과 위치정보, 소셜네트워크와 쿠폰, 그리고 광고 등이 혼합된 복합 서비스다. 아이버터플라이, 포스퀘어, 세카이카메라, 1km 등 그동안 출시된 인기 애플리케이션의 장점을 모두 흡수해 하나로 버무려놓았다. 어떤 프로그램인지 한번 살펴보자.

아이벅스는 기본적으로 곤충과 해충을 잡는 게임이다. 우선 곤충지도로 곤충의 분포가 많은 지역을 확인한 후 해당 지역으로 이동한다. 그리고 화면 하단의 '잡기' 메뉴를 터치한다. 증강현실이 구동되면 스마트폰을 좌우 또는 상하로 움직여 곤충이나 해충이 있는 위치를 확인한다. 이때 곤충이 움직이면 원하는 도구를 이용해 곤충을 잡는다. 해충을 잡아 박멸할 수도 있다. 잡은 곤충은 채집함에 보관하거나, 꼬리말을 달거나 달지 않고 놔줄 수 있지만 해충은 풀어줄 수 없다.

이렇게 잡은 곤충과 해충을 확인하려면 하단의 '채집함' 메뉴를 터치하면 된다. 보관된 곤충 및 해충들이 한눈에 들어오도록 정리되어 있다. 좀 더 많은 곤충과 해충을 편리하게 잡으려면 하단의 '도구숍' 메뉴에서 각종 아이템을 구매하는 것도 가능하다. 만약 잡은 곤충이 쿠폰을 달고 있을 경우 '쿠폰함에 보관'을 선택하면 쿠폰함에 저장할 수 있다.

아이벅스에는 현재 내 위치를 기준으로 곤충이 분포된 지역을 탐색해 증강현실 속에 날아다니는 다양한 곤충을 잡는 엔터테인먼트적인 요소, 다양한 커뮤니티를 통해 사람들과 이웃을 맺어 곤충을 선물하고, '꼬리표'를 달 수 있는 소셜적인 요소가 잘 녹아들어 있다. 꼬리말을 달아 놓아준 곤충은 그 주변에 떠다니게 되는데, 다른 사용자들이 잡으면 남겨진 꼬리말을 읽을 수 있고 자신의 꼬리말을 덧붙여 다시 놓아줄 수도 있는 점이 재밌다.

　또한 내가 잡은 곤충 일부를 포인트로 보관해 각종 아이템을 구매할 수 있다. 각 지역정보를 기반으로 광고를 게재하고 노출할 수 있는 것도 아이벅스의 특징이다. 언뜻 보면 일본의 광고대행사 덴쯔가 선보인 아이버터플라이와 비슷해 보이지만 더욱 다양한 곤충이 소개되고 소셜 기능이 보다 강화됐다는 게 제작사의 설명이다.

　이외에도 특정 시간, 특정 장소에 곤충과 함께 쿠폰을 배포할 수 있기 때문에 기존의 무료 쿠폰 서비스보다 유연하고 정교한 프로모션을 진행할 수 있는 것도 장점이다. 현재 아이벅스는 쿠폰 서비스를 확장해 좀 더 많은 쿠폰을 도입하고 활용도 높은 애플리케이션으로 거듭날 준비를 하고 있다.

아이벅스의 주요 특징

1. 곤충 채집과 기업 마케팅을 결합한 애플리케이션
2. 그동안 출시된 인기 애플리케이션의 장점만을 흡수
3. 특정 시간 및 장소에만 곤충을 배포할 수 있어 기업 프로모션에 유리

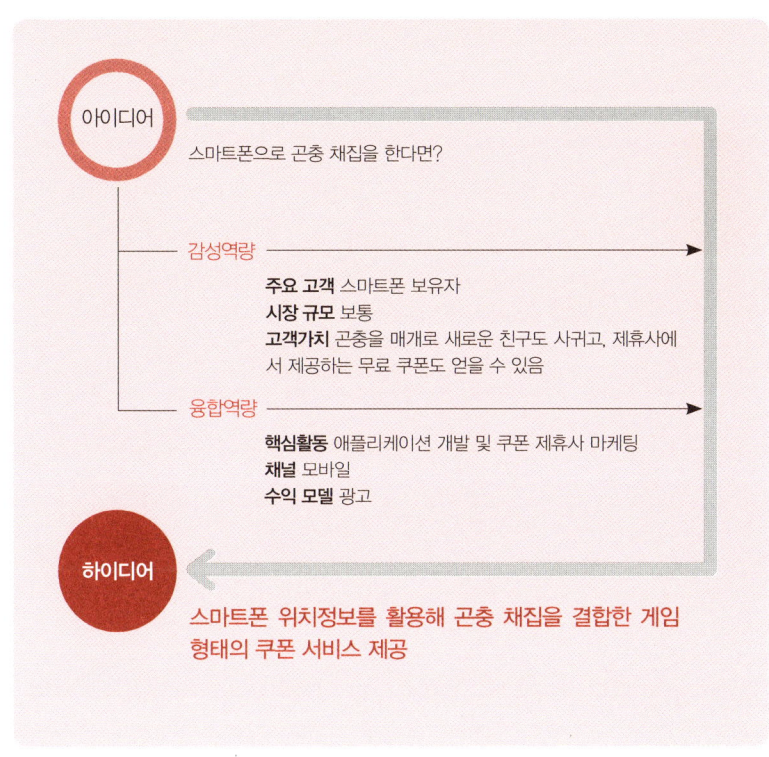

아이디어

스마트폰으로 곤충 채집을 한다면?

감성역량

주요 고객 스마트폰 보유자
시장 규모 보통
고객가치 곤충을 매개로 새로운 친구도 사귀고, 제휴사에
서 제공하는 무료 쿠폰도 얻을 수 있음

융합역량

핵심활동 애플리케이션 개발 및 쿠폰 제휴사 마케팅
채널 모바일
수익 모델 광고

하이디어

스마트폰 위치정보를 활용해 곤충 채집을 결합한 게임
형태의 쿠폰 서비스 제공

하이디어 발상법 :
거리에 지나가는 사람을 관찰하라

평범함에서 좋은 아이디어를 발견하려면 어떻게 해야 할까? 일단은 책상에 앉아서 책이나 인터넷을 뒤지는 것보다는 사람들이 많은 거리로 나가는 것을 권유하고 싶다. 지나가는 사람들의 모습을 잘 관찰하다 보면 의외로 좋은 아이디어가 떠오를 때가 많다.

혹시 NFC가 뜨고 있다는 신문기사를 본 적 있는가? 앞서도 소개했듯, NFC는 3G나 와이파이와 같은 통신 네트워크를 이용하지 않고 단말기 간에 직접 데이터를 교환하는 일종의 근거리 무선통신 방식이다. 구글은 NFC를 활용한 모바일 결제서비스인 구글 지갑Google Wallet 서비스를 통해 스마트폰을 통한 결제는 물론 다양한 할인혜택을 제공하는 쿠폰 서비스, 그리고 위치기반의 정밀한 타깃 광고 비즈니스를 준비중에 있다.

그렇다면 이런 NFC 기술을 사람들에게 접목시켜보면 어떨까?

예를 들어 길을 걷다가 앞에 가는 어떤 여성이 든 가방이 마음에 든다고 하자. 그렇다면 먼저 양해를 구하고, 가방에 부착된 태그에 자신의 스마트폰을 갖다 대면 가방에 대한 다양한 정보가 뜬다. 마음에 들 경우 모바일 쇼핑을 통해 그 자리에서 가방을 구매할 수 있다. 거래가 성사되면 쇼핑몰에서 가방 주인의 온라인 쇼핑몰 계좌에 마일리지 일부를 적립해주기 때문에 가방 주인도 이득인 셈이다. 이러한 서비스가 가능하다면, 남녀 모델에게 각종 신상품을 입히고 들려서 홍대나 강남역 일대를 활보하게 함으로써 '스마트 쇼핑'을 판촉하는 모습도 상상해볼 수 있을 것이다.

Platform high-idea

3^장

플랫폼이 곧 하이디어다

기업과 기업, 기업과 소비자를 연결시켜주는 플랫폼 비즈니스는 우리 주위에서도 많이 볼 수 있다. 이러한 플랫폼은 향후 기업의 경쟁력을 결정하는 핵심 변수로 자리매김할 것이로 보인다. 기업들이 플랫폼을 바라보는 안목이 어느 정도냐에 따라 기업의 성패가 좌우될 것이다.

요즘 그 어느 때보다 플랫폼 비즈니스에 대한 관심이 높아지고 있다. '플랫폼 platform'이란 여러 참여자가 가치 있는 것을 만들어 서로 나누는 토대를 말하는 것으로, 양면시장two-sided markets이 플랫폼 비즈니스의 대표적인 모델로 꼽힌다. 2006년 10월 〈하버드비즈니스리뷰〉에 토머스 아이센만 교수 등이 기고한 〈양면시장전략Strategies for Two-Sided Markets〉을 참고하면 양면시장의 개념에 대해 좀 더 명확히 이해할 수 있다.

일상에서도 양면시장은 쉽게 접할 수 있다. 우리가 흔히 볼 수 있는 신문이나 잡지, 신용카드도 다 양면시장이다. 예를 들어 신문사는 광고주와 독자를 연결시켜주는 양면시장이고, 신용카드사도 소비자와 카드 가맹점을 연결시켜주는 일종의 양면시장이라 할 수 있다. 아래 그림을 보자. 양면시장의 대표적 예인 미디어 기업의 구조를 도식화한 것이다.

양면시장 예시 : 미디어 기업

이렇듯 기업과 기업, 기업과 소비자를 연결시켜주는 플랫폼 비즈니스는 우리 생활 깊숙이 침투해 있다. IT분야뿐 아니라 제조업이나 서비스업에도 적용될 것으로 예상되어 플랫폼 비즈니스에 대한 관심은 더욱 높아질 것으로 보인다. 이러한 플랫폼은 향후 기업의 경쟁력을 결정하는 핵심 변수로 자리매김할 것이다. 즉 기업들이 플랫폼을 바라보는 안목이 어느 수준인가에 따라 기업의 성패가 좌우되는 것이다. 이번 장에서는 플랫폼 비즈니스를 통해 새로운 가치를 전달하는 하이디어 모델 11개를 소개하고자 한다.

01 모바일
소셜네트워크서비스의
선두주자,

디엔에이 모바게
www.mbga.jp

내가 디엔에이DeNA라는 회사에 대해 관심을 가지게
된 것은 전 미국 라이코스 CEO인 임정욱 선배 덕분
이다. 그는 한국, 미국, 일본의 다양한 매체에서 소개
하는 최신 정보를 습득하고 소화한 다음 트위터를 통
해 공유하는 파워 트위터리안으로 유명하다. 또한 '에
스티마의 인터넷이야기'라는 인기 블로그를 운영하
면서 많은 국내 IT 업계 관계자들과 국경을 뛰어넘는
소통을 하고 있다.

몇 년 전 그가 다음커뮤니케이션에서 근무할 때의
일이다. 그는 사무실로 놀러간 나에게 일본 경제잡지

에 소개된 이 회사의 특집 기사를 보여주었다. 영업이익률이 무려 50%에 육박하는 회사가 있다며 유심히 살펴볼 필요가 있다고 말한 것으로 기억된다. 폐쇄적이고 보수적인 것으로 유명한 일본 모바일 시장에서 통신사도 아닌 일반 콘텐츠 기업이 무선 데이터 서비스를 제공해 성공했다니, 놀라울 따름이었다.

일본 기업 디엔에이는 무료 모바일 게임과 소셜네트워크서비스를 제공하는 곳으로, 내부 및 외부 개발자들이 만든 휴대폰 게임 1,000여 개가 등록돼 있다.

디엔에이에서 운영하는 소셜게임 플랫폼이 '모바게'로, 일종의 양면시장으로 성공한 하이디어 모델이다. 디엔에이는 1999년 창업해 쇼핑과 경매 사이트를 운영하다 2004년 휴대폰 전용 쇼핑과 경매 사이트를 시작했고, 2006년 모바게를 선보였다.

모바게는 일본에서는 10대의 절반 이상이 이용할 정도로 파급력이 큰 서비스다. 2010년 12월 기준으로 디엔에이의 회원수는 2,700만 명을 돌파했으며 PC 사용자까지 합치면 3,000만 명을 넘어서고 있다.

보통 휴대폰으로 게임을 다운받으려면 게임당 2,000~3,000원가량의 이용료를 지불해야 하는데, 모바게는 트럼프, 바둑 등 약 60여 개의 게임을 무료로 제공한다. 자신의 아바타에 게임 랭킹이 표시되고, 다른 사람들의 랭킹도 알 수 있다. 높은 랭킹의 유저들에게 비법을 공유해달라고 조를 수도 있고, 서로 노하우를 공유하며 커뮤니티를 형성하기도 한다. 우리의 싸이월드처럼 자신의 아바타를 꾸밀 수도 있는데, 이때는 비용이 발생한다. 실제 화폐나 가상 화폐인 '모바골드'로 그 비용을 충당할 수 있으며, 아이템 가격은 50~200모바골드 선이다.

이용자들이 모바골드를 벌기 위해 노력하는 과정에서 모바게의 수익이 창출된다. 이용자들은 모바골드를 얻기 위해 모바게에 친구를 소개하고 보수를 받는다. 친구에게 추천 메일을 보내 그 메일을 통해 친구가 모바게에 가입하면 300모바골드를 적립해줌으로써 회원 스스로 신규 회원을 유치하게끔 강력한 동기부여를 하고 있다. 또한 이용자들은 스폰서 사이트에 회원가입을 하고, 배너 광고를 클릭해 모바골드를 벌기도 한다. 디엔에이가 운영하는 쇼핑사이트 '모바코레'에서 상품을 구입하고 얻는 포인트를 모바골드로 환전할 수도 있다.

디엔에이는 무료 모바일 게임으로 회원을 유치하고, 가상 화폐인 모바골드를 활용해 강력한 입소문 마케팅을 전개한다. 이후 대량 트래픽을 바탕으로 다양한 광고를 통해 매출을 올린다. 아주 심플하면서도 강력한 하이디어 모델이 아닐 수 없다.

디엔에이는 지난 2011년 매출 19억 달러, 순이익 4억 2,290만 달러의 실적을 달성했다. 일본 최대의 모바일 소셜게임 플랫폼으로 확고하게 자리를 굳혔으며, 이에 안주하지 않고 2014년 24억 달러 매출을 목표로 전진 중이다.

우리나라에서도 다음커뮤니케이션이 디엔에이와 제휴를 통해 2012년 3월부터 모바일 게임 플랫폼인 '다음 모바게'를 오픈하고, 1분기 중으로 일본 디엔에이의 주요 게임 20종을 출시할 계획이다. 한국과 일본을 연결하는 플랫폼으로 거듭난 모바게의 새로운 모습도 기대가 된다.

디엔에이 모바게의 주요 특징

1. 휴대폰 게임과 소셜네트워크서비스의 결합
2. 휴대폰 게임은 무료로 제공하고, 가상 아이템 판매 및 광고 유치로 수익 창출
3. 영업이익률이 50%에 달할 만큼 높은 수익성 유지

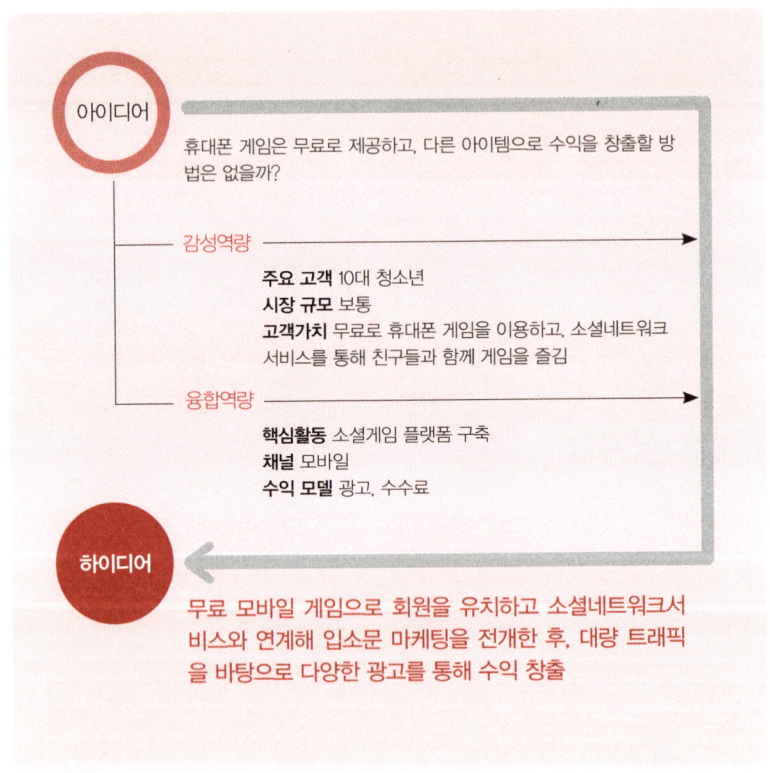

아이디어

휴대폰 게임은 무료로 제공하고, 다른 아이템으로 수익을 창출할 방법은 없을까?

감성역량

주요 고객 10대 청소년
시장 규모 보통
고객가치 무료로 휴대폰 게임을 이용하고, 소셜네트워크서비스를 통해 친구들과 함께 게임을 즐김

융합역량

핵심활동 소셜게임 플랫폼 구축
채널 모바일
수익 모델 광고, 수수료

하이디어

무료 모바일 게임으로 회원을 유치하고 소셜네트워크서비스와 연계해 입소문 마케팅을 전개한 후, 대량 트래픽을 바탕으로 다양한 광고를 통해 수익 창출

02 열린 공간으로
끌어내
승부한다,

플레이스바인
www.placevine.com

PPLproduct in placement이란 마케팅 전략의 하나로 영화, 드라마 등 영상산업의 규모가 대형화되고 영향력이 커지면서 등장한 전략이다. 영화, 드라마 등에 자사의 제품을 노출시켜 홍보하는 것으로, 영화 〈E.T.〉에 등장한 허쉬 초콜릿이나, TV 드라마 〈아테나 : 전쟁의 여신〉에서 팬택이 선보인 스마트폰 베가 등이 대표적인 예다.

이렇듯 PPL은 이미 우리 생활 깊숙이 들어와 있지만, 막상 이를 활용하려면 생각보다 쉽지 않다. 이러한 광고 자리는 대부분 알음알음 인맥으로 뚫어야 하

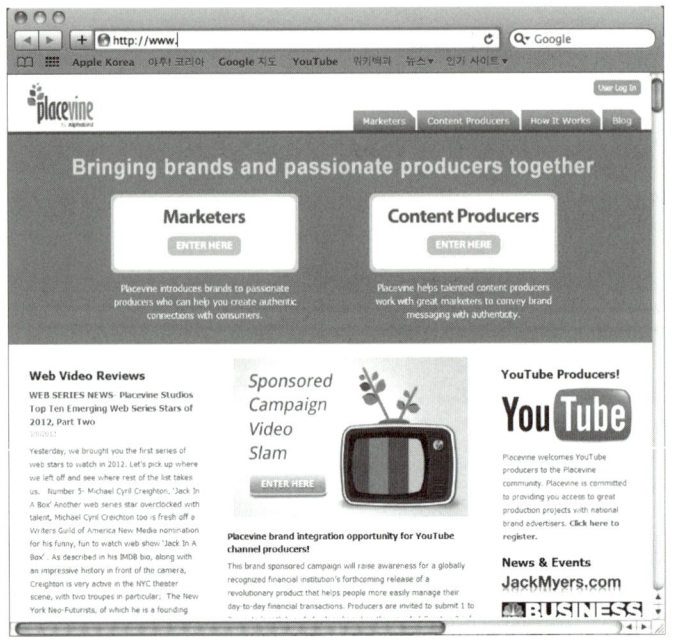

는 것이 현실이기 때문이다. 그렇다면 드라마나 영화에 자사 제품을 노출시키고 싶은 기업 마케팅 담당자와, 스폰서를 원하는 미디어 제작자를 연결시켜주는 플랫폼이 있다면 어떨까? 미국의 플레이스바인은 바로 이런 제작자와 마케터의 숨은 욕구를 충족시켜주는 PPL 중개 플랫폼으로 주목받고 있다.

2007년 설립된 플레이스바인은 기업 마케터와 콘텐츠 제작자를 연결시켜주는 인터넷 기반의 매치메이킹 서비스 회사로, 20세기폭스사 등 600여 개의 미디어 기업과 300여 개의 광고기획사를 유료 회원으로 보유하고 있다.

　프로세스는 단순하다. 미디어 제작자가 프로그램에 대한 설명과 필요한 협찬 품목을 사이트에 등록하면 기업 마케터가 이에 대한 정보를 받아본 후, TV, 영화, 뉴미디어 등 광고를 원하는 매체를 선택할 수 있다. 마케터는 정보 이용료로 월 145달러를 지불하고, 미디어 제작자는 무료로 이용할 수 있는 것이 이 사이트의 특징이다. 이는 미디어 제작자보다는 PPL을 원하는 에이전시나 마케터의 욕망이 더 크다는 사실을 염두에 둔 것이다. 이러한 플랫폼을 통해 제작자는 기획 단계에서 안정적인 제작비를 확보해 작품의 완성도를 높일 수 있고, 마케터는 자사 제품과 잘 어울리는 작품을 선택하고 이를 통해 브랜드 인지도와 매출을 올릴 수 있는 기회를 얻는다.

　이처럼 비즈니스 모델 세상에서는 사람들이 가진 욕망을 이용해 수익 모델을 창출하는 사례가 수도 없이 존재한다. 플레이스바인처럼 비즈니스 모델을 설계할 때는 욕망의 정도를 파악해 참여자 모두에게 돈을 받기보다는 욕망의 크기가 더 큰 한쪽에게 돈을 받고 나머지 참여자들로부터는 관심과 '눈eyeball'을 유도하는 것이 유리하다. 플레이스바인은 그동안 암암리에 인맥 등에 의해 꾸려져오던 PPL 시장을 수면 위로 끌어올렸다는 점에서 주목받고 있다.

플레이스바인의 주요 특징

1. PPL에 관심 있는 마케터와 스폰서를 원하는 제작자를 온라인으로 연결
2. 마케터가 비용을 지불하고 제작자는 무료로 이용하는 게임의 법칙 운영

3. 플레이스바인은 온라인에서 연결만 주선하고, 실제 거래는 오프라인에서 이루어짐

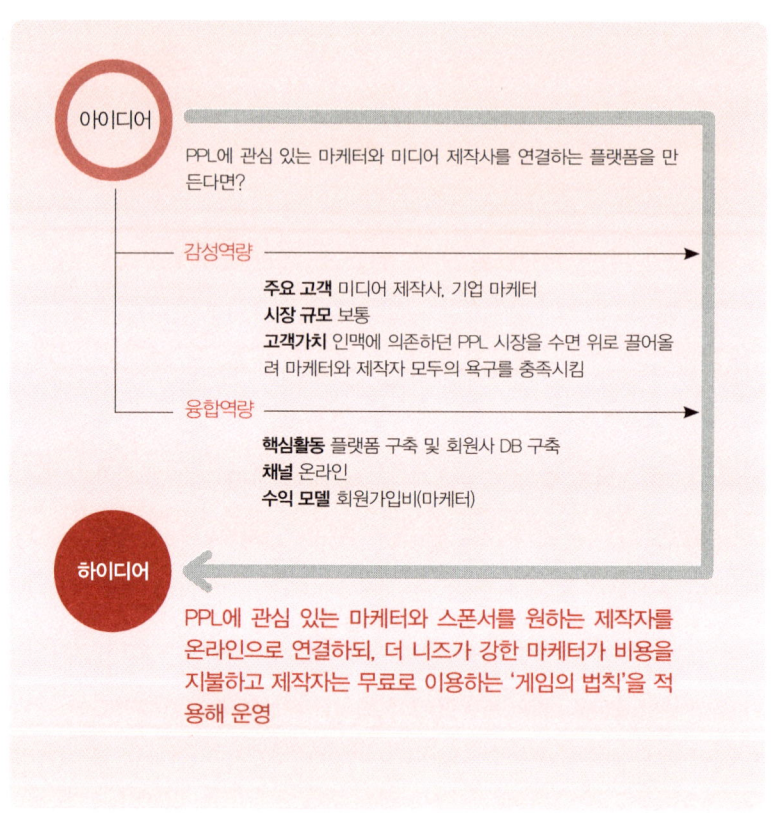

아이디어

PPL에 관심 있는 마케터와 미디어 제작사를 연결하는 플랫폼을 만든다면?

감성역량

주요 고객 미디어 제작사, 기업 마케터
시장 규모 보통
고객가치 인맥에 의존하던 PPL 시장을 수면 위로 끌어올려 마케터와 제작자 모두의 욕구를 충족시킴

융합역량

핵심활동 플랫폼 구축 및 회원사 DB 구축
채널 온라인
수익 모델 회원가입비(마케터)

하이디어

PPL에 관심 있는 마케터와 스폰서를 원하는 제작자를 온라인으로 연결하되, 더 니즈가 강한 마케터가 비용을 지불하고 제작자는 무료로 이용하는 '게임의 법칙'을 적용해 운영

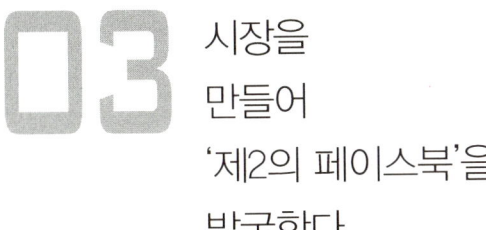

03

시장을
만들어
'제2의 페이스북'을
발굴한다,

킬러스타트업은 말 그대로 '스타트업 킬러'라고 생각
하면 된다. '될성부른 나무 떡잎부터 알아본다'고 했
던가, 킬러스타트업은 집단지성을 활용해 발전 가능
성이 무궁무진한 신생벤처인 '스타트업'을 발굴하는
곳이다. 예비 CEO, 투자자, 블로거 등이 참여하는 블
로그 기반의 스타트업 소개 사이트로, 창업했거나 신
규 서비스를 오픈한 기업으로부터 정보를 받아 네티
즌들에게 소개하는 시스템이다.

스타트업은 자사의 비즈니스 모델과 서비스에 대
해 소비자들이 어떻게 받아들이는지 파악할 수 있어

편리하고, 네티즌들은 투자가 유망한 기업이나 새로운 이슈로 떠오르는 비즈니스 모델, 서비스에 대한 정보를 발 빠르게 습득할 수 있어 유리한 '윈-윈' 구조다.

기본적인 정보는 무료로 공개하되, CEO 관련 정보나 트래픽, 이용자 수, 경쟁자, 재무제표 등 보다 상세한 기업 정보는 월 499달러를 지불하는 투자자 회원에게만 '킬러 데이터'로 제공한다. 수익 모델을 잘 설계한 덕분일까? 킬러스타트업은 일 순방문자수가 20만 명이나 되는 인기 사이트로 등극했다.

킬러스타트업의 비전은 '집단지성을 통해 미래 유망 인터넷 벤처를 찾아내자'다. 사이트 방문자는 누구나 스타트업의 주요 정보를 등록할 수 있고, 사이트 운영자는 그중 괜찮은 아이템을 선정해 하루 15개의 스타트업을 소개한다. 네티즌들은 그중 소위 '대박'이 날 것 같은 아이템을 가진 기업을 '추천'하고, 결과는 오늘, 어제, 금주, 이번 달, 상시 등의 형태로 집계되어 소개된다. 물론 카테고리별로도 분류되어 있다. 잠재적인 투자자들은 이를 바탕으로 새로운 투자대상을 물색할 수 있다.

최근 제2의 벤처붐을 맞이한 우리나라에도 많은 스타트업이 생기고 있지만, 언론보도 외에는 어떤 회사가 어떤 아이템을 가지고 창업했는지 정보를 찾기 어렵다. 국내에도 킬러스타트업처럼 새롭게 출발하는 신생 기업들에 대한 정보를 소개하고, 집단지성을 통해 유망 기업을 발굴하고 조언해주는 온라인 플랫폼이 출현한다면 상당한 인기를 끌 것으로 보인다.

킬러스타트업의 주요 특징

1. 스타트업에 관심 있는 투자자와 기업정보를 연결

2. 회원들의 투표에 의해 유망 스타트업 순위를 결정

3. 일반인은 무료로 이용 가능하며 투자 희망자는 월 499달러를 지불해야 함

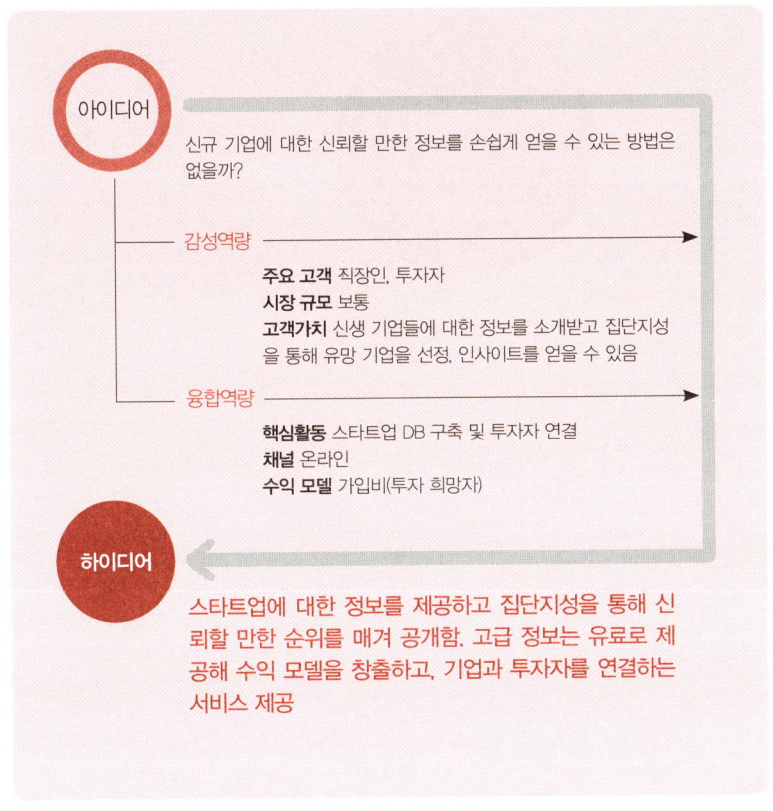

아이디어

신규 기업에 대한 신뢰할 만한 정보를 손쉽게 얻을 수 있는 방법은 없을까?

감성역량

주요 고객 직장인, 투자자
시장 규모 보통
고객가치 신생 기업들에 대한 정보를 소개받고 집단지성을 통해 유망 기업을 선정, 인사이트를 얻을 수 있음

융합역량

핵심활동 스타트업 DB 구축 및 투자자 연결
채널 온라인
수익 모델 가입비(투자 희망자)

하이디어

스타트업에 대한 정보를 제공하고 집단지성을 통해 신뢰할 만한 순위를 매겨 공개함. 고급 정보는 유료로 제공해 수익 모델을 창출하고, 기업과 투자자를 연결하는 서비스 제공

04 신문과 잡지를 모바일에 모았다,

소프트뱅크 뷴
www.viewn.co.jp
&
덴츠 마가스토어
www.magastore.jp

아이패드2, 갤럭시탭 10.1 등 태블릿 PC가 인기를 끌면서 지하철에서도 태블릿 PC로 영화를 보거나, 신문이나 잡지를 읽는 사람들을 많이 볼 수 있다. 일례로 2011년 5월 KT는 〈행복이 가득한 집〉, 〈디자인〉, 〈코스모폴리탄〉 등 인기 잡지 10여 종을 무료로 제공하는 통합 매거진 애플리케이션 올레매거진을 출시해 화제를 모았다. 아직은 몇몇 유력 잡지밖에 없지만, 국내에서 발행하는 주요 신문과 잡지를 디지털 버전으로 서비스하는 통합 애플리케이션을 월 구독형태로 제공한다면 더욱 좋은 반응을 얻으리라 생각한다.

국내보다 아이패드 출시가 빨랐던 일본에서는 다양한 신문과 잡지의 디지털 버전을 통합해 제공하는 서비스가 인기를 끌고 있다. 2010년 5월 28일, 일본에서 아이패드가 출시됨과 거의 동시에 소프트뱅크는 한 달에 약 450엔만 내면 아이패드, 아이폰, 아이팟 터치는 물론 소프트뱅크에서 출시하는 휴대전화로 약 40개의 신문이나 잡지, 텔레비전 뉴스 등을 즐길 수 있는 서비스 '뷴Viewn'을 선보였다. 잡지 한 권의 절반 정도 가격에 40개가 넘는 신문과 잡지를 지면 그대로 볼 수 있다는 건 미디어 시장의 일대 혁명이라고 부를 만하다. 일본에선 아이패드가 출판 붕괴를 야기한다는 말이 벌써부터 나오고 있고, 미디어 전문가들도 붕괴까지는 아니라 할지라도 콘텐츠 시장의 변혁을 예고한다는 점에는 동의하고 있다.

뷴은 뉴스, 비즈니스, 패션, 음식, 여행, 스포츠 등의 정보를 제공한다. 이용요금은 디바이스에 따라 월 315~450엔 수준이며, 이용 개시부터 30일간은 무료로 사용할 수 있다. 또한 2010년 12월 10일부터는 아이폰과 아이패드뿐 아니라 안드로이드 단말기에서도 뷴 서비스를 이용할 수 있게 되었다.

일본 최대 광고기획사 덴츠와 솔루션 업체인 야파YAPPA는 2010년 5월 18일 휴대폰과 아이폰용으로만 제공되던 전자잡지 유료 제공 서비스인 '마가스토어'를 PC와 아이패드용으로도 제공한다고 발표했다. 덴츠는 서적이나 만화 시장과 비교했을 때 잡지의 디지털 서비스가 뒤처져 있다고 보고, 디지털 콘텐츠 변환 솔루션을 가진 야파와 손잡고 전자잡지 콘텐츠 서비스 플랫폼 개발을 추진했다고 밝혔다.

광고대행사인 덴츠가 디지털 매거진 통합 콘텐츠 플랫폼 시장에 뛰어든 이유는 무엇일까? 광고를 대행하는 것에 그치지 않고, 전자잡지 플랫폼을 구축해 자체적인 수익 모델을 만들고 구글 등 인터넷 기업에 맞서 온라인, 모바일 광고 시장에서의 영향력을 제고하기 위해서다. 덴츠는 잡지를 구독하는 타깃 독자층에 맞춘 광고로 수익을 거둘 수 있으리라 판단하고 있다.

마가스토어에서 한 번 구입한 전자 매거진은 '나의 책장'에 등록되어 읽고 싶을 때 언제라도 읽을 수 있고, 아이디만 있으면 PC로 구입한 매거진을 아이폰이나 아이패드로도 볼 수 있다. 예를 들어 집에서는 PC와 아이패드로 잡지를 읽다가 이동할 때는 휴대폰으로 접속해 읽을 수 있다. 또한 잡지를 읽는 도중에 재미있다거나 도움이 되는 정보라고 생각되면 바로 트위터로 발신할 수 있다. 휴대폰 기기를 바꿨다 하더라도 아이디로 로그인만 하면 기존에 구매한 잡지 내역이 자동으로 저장되어 편리하다.

마가스토어에는 〈AERA〉, 〈GQ JAPAN〉 등 인기 매거진 60여 개가 구비돼 있다. 특히 2011년 2월 10일부터 발행 부수 63만 부를 자랑하는 일본 대표 잡지 〈문예춘추〉가 마가스토어와 글로벌 매거진 플랫폼 업체인 지니오ZINIO를 통해 해외에서 먼저 디지털 버전을 오픈한다는 사실이 알려져 일본 내에서 큰 화제가 되었다.

스마트 시대, 분이나 마가스토어처럼 앞으로는 하나의 콘텐츠를 다양한 형태로 가공하여 독자들에게 전달하는 플랫폼 서비스가 큰 인기를 끌 것으로 예상된다.

소프트뱅크 뷴 & 덴츠 마가스토어의 주요 특징

1. 주요 신문 및 잡지의 디지털 버전을 통합해 월정액 형태로 제공
2. 하나의 서비스를 여러 기기에서 즐길 수 있는 N스크린 서비스 지원
3. 디지털 미디어 생태계 구현

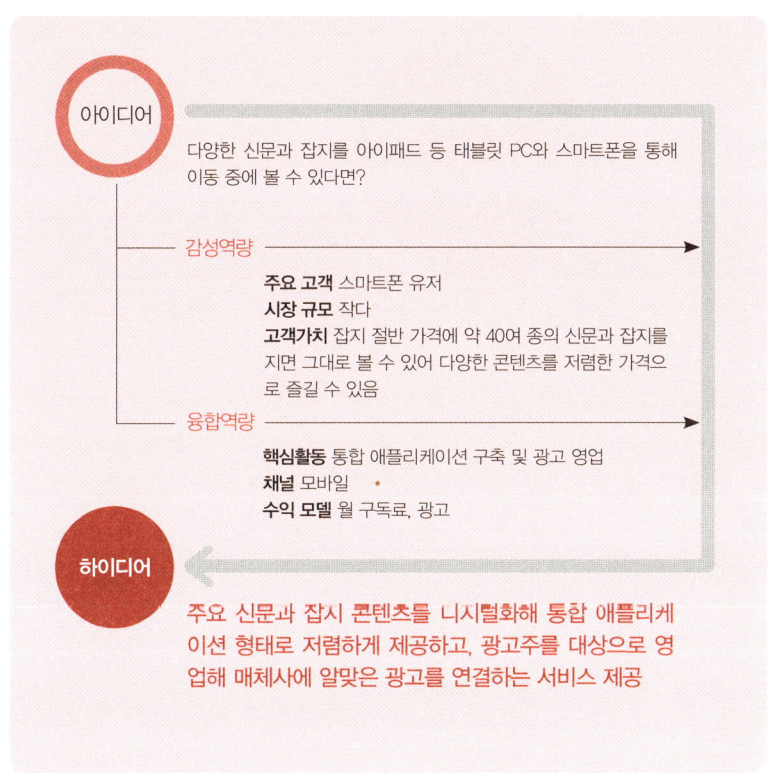

05

전자책
시장의
유튜브를
꿈꾼다,

스크라이브드
www.scribd.com

"익스펙토 페트로눔!"

이마에 번개 모양 흉터를 가진 마법사 소년 해리를
주인공으로 한 '해리포터' 시리즈로 돈과 명예를 움켜
쥐며 스타 작가 반열에 오른 조앤 롤링. 하지만 그녀
에게도 무명의 설움을 겪던 수난의 시절이 있었다.
집 근처 카페를 전전하며 쓴 《해리포터》 초고를 12곳
의 출판사에 보냈으나 전부 다 거절당했기 때문이다.
만약 13번째 찾아간 출판사에서 출판을 허락하지 않
았다면 우리는 '성경 다음으로 많이 팔린 책'이라는
《해리포터》를 읽을 수 없었을 테고, 매년 아이들뿐 아

니라 어른들도 기다려온 〈해리포터〉 영화 또한 볼 수 없었을 것이다. 그런데 만약 조앤 롤링이 1995년이 아닌 2012년에 《해리포터》 초고를 완성했다면? 아마도 이곳저곳 출판사를 찾아다니는 대신 스크라이브드에 자신의 원고를 올렸을지도 모른다.

문서 공유 플랫폼 스크라이브드는 일반인 및 아마추어 작가들이 저작물을 온라인상에서 출간하고 공유하는 웹 서비스다. 2007년 3월 베타서비스를 시작으로 2009년 5월부터 정식으로 유료서비스를 시행하고 있다. 지금까지는 책을 내려면 출판사와 계약을 체결하고, 인쇄한 책을 오프라인 또는 온라인 서점을 통해 판매하는 형식이 일반적이었다. 하지만 스크라이브드처럼 누구나 쉽게, 다양한 형태로 전자책을 만들고 유통시키는 시장이 커지게 된다면 이런 구조가 흔들릴 날이 멀지 않아 보인다.

미국 출판도서협회에 따르면 미국의 도서 시장 규모는 2010년 230억 9,000달러로 전년에 비해 1.8% 하락한 것으로 나타났다. 반면 전자책 판매는 전년에 비해 3배가 증가한 3억 1,300만 달러로 집계됐다. 물론 전체 규모에 비해 비중은 미미한 편이지만, 종이책 판매는 완만한 하향 곡선인 반면 전자책 판매는 가파른 상승 곡선을 그리고 있다. 마치 기존 광고 시장에 인터넷 광고가 처음 등장했을 때와 유사하다. 전문가들은 2012년에는 미국 전체 출판시장에서 전자책이 차지하는 비중이 최소 20%에서 최대 25%까지 늘어날 것으로 전망하고 있다.

스크라이브드는 수천만 건의 저작물이 등록되어 있고, 매월 7,000만 명이 방문하는 인기 사이트다. 저작물을 출간하고 싶어 하는 사람들과 이러한 저작물이 궁금한 사람들은 스크라이브드로 모여든다. 책을 출간하고 싶은 사람들은 누구나 유료로 이 서비스를 활용할 수 있다. 마음대로 자신이 만든 전자책의 가격을 매길 수 있으며, 판매금액의 80%가 저자의 몫으로 돌아가는 구조다. 일반적으로 출판사를 통해 책을 낼 경우 인세율이 8~10% 선임을 감안할 때, 단순히 수익분배 비율만 놓고 보면 출판사를 통하는 것보다 더 유리한 셈이다.

물론 이곳을 통해 얼마만큼 양질의 책이 제작되고 소개될지, 또 얼마나 많은 무명작가들이 새롭게 빛을 보게 될지는 미지수다. 작가의 역량이 아무리 뛰어나더라도 출판사의 전문가들과 함께 작업하는 것보다는 완성도가 떨어질 가능성이 높기 때문이다. 하지만 대형 출판사의 마케팅 역량과 대형 서점의 영향력, 저자의 유명세 등이 베스트셀러를 만드는 주요 요인으로 작용했던 구조에 새로운 방향을 제시하는 역할을 할 것으로 보인다.

스크라이브드의 주요 특징

1. 누구나 쉽게 자신의 저작물을 판매할 수 있고, 페이스북, 트위터 등 SNS를 통해서도 공유 및 배포 가능
2. 본인 마음대로 전자책의 값을 매길 수 있고, 판매금액의 80%를 가져가는 구조
3. HTML5 기술을 적용해 OS에 상관없이 다양한 디바이스로 쉽게 접근 가능(현재 HTML5로 변환된 10억 페이지 보유)

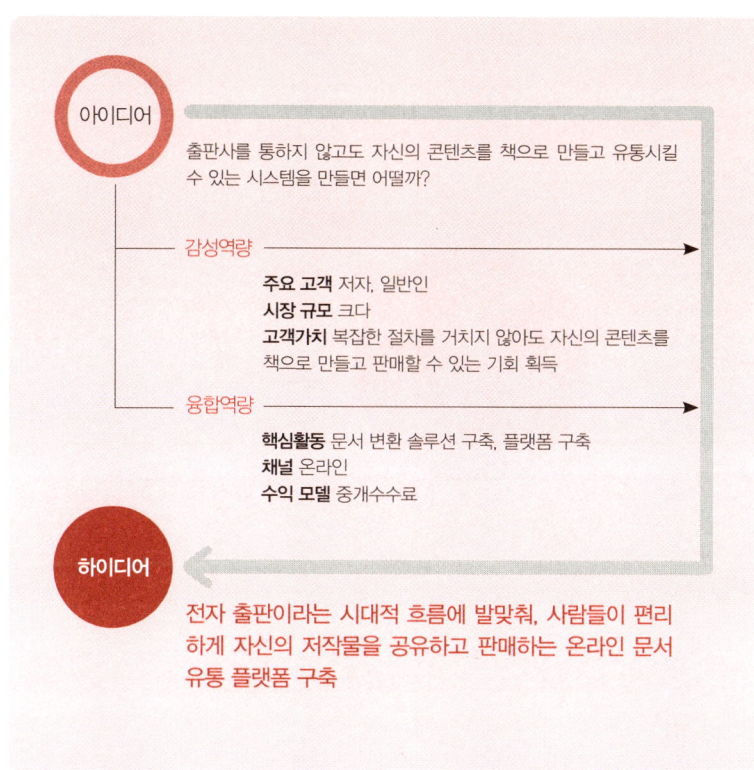

아이디어

출판사를 통하지 않고도 자신의 콘텐츠를 책으로 만들고 유통시킬 수 있는 시스템을 만들면 어떨까?

감성역량

주요 고객 저자, 일반인
시장 규모 크다
고객가치 복잡한 절차를 거치지 않아도 자신의 콘텐츠를 책으로 만들고 판매할 수 있는 기회 획득

융합역량

핵심활동 문서 변환 솔루션 구축, 플랫폼 구축
채널 온라인
수익 모델 중개수수료

하이디어

전자 출판이라는 시대적 흐름에 발맞춰, 사람들이 편리하게 자신의 저작물을 공유하고 판매하는 온라인 문서 유통 플랫폼 구축

06 디자인을
사고파는
공간,

바이미
www.vaimi.com

연 매출 30억 원, 신사동, 인사동 등지에 단독 오프라인 매장 운영, 다이어리, 지갑, 가방 등 작품을 활용한 수많은 제품 출시, 이름 자체가 브랜드가 된 인물… 디자이너 육심원 씨는 자신의 작품으로 '디자인 왕국'을 건설한 유명 디자이너다.

바이미는 '제2의 육심원'을 꿈꾸는 야심찬 디자이너들이 만든 제품을 소개하는 온라인 마켓이다. 창립 1년 만에 디자이너 회원 2,000여 명을 모은 바이미는 이름 없는 신인 작가들이 자신의 작품을 소개할 수 있는 공간을 제공하고 있다. 그리고 대중들에게는 원

바이미 홈페이지

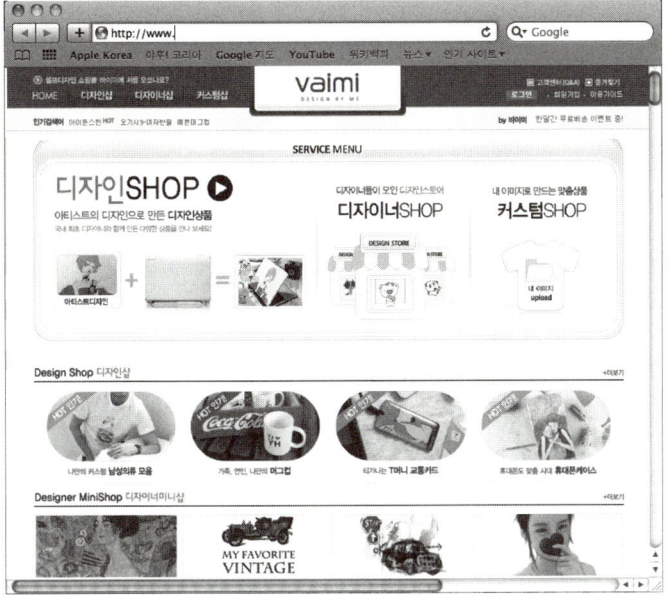

하는 독특한 디자인 작품을 디자이너와 직거래를 통해 저렴하게 구입할
수 있도록 도와주는 플랫폼을 지향한다.

"한국에선 매년 3만 6,000여 명의 디자이너가 배출되고 있지만 이 중
단 7%만이 현업에 종사하게 됩니다. 디자이너들이 전공을 살려 취업하
기가 그만큼 쉽지 않다는 이야기죠. '디자이너들이 마음껏 자신의 디자인
을 뽐내고, 실력에 따라 수익을 얻을 방법은 없을까' 하는 고민을 하다가
'바이미닷컴'을 창업하게 됐습니다."

바이비닷컴 서정민 CEO는 한 일간지와의 인터뷰에서 이렇게 창업 동
기를 소개하고 있다.

바이미에서는 다른 곳에서 볼 수 없는 다양한 디자인의 휴대폰 케이스, 티셔츠, 머그잔, 벽지 등을 만날 수 있다. 또한 원하는 물건에 디자이너가 등록한 이미지를 결합해 나의 개성을 뽐낼 수 있는 제품을 만들 수 있는 '셀프디자인 쇼핑몰'을 지향한다. 디자이너 레벨제를 도입, 작품이 좋은 반응을 얻어 이름이 알려지면 상위 레벨로 올라갈 수 있으며, 상위 레벨에 속한 디자이너일수록 수익 배분이 유리해지고 업체와의 거래 등 더 많은 기회를 얻을 수 있다.

또한 바이미는 '온라인과 오프라인을 넘나드는 디자인 유통 중개상'을 표방한다. 일례로 2008년에는 삼성카드사와 손잡고 고객이 직접 자신의 신용카드를 디자인하고 바이미 소속 디자이너들이 보완작업을 하여 완성품으로 제작하는 '셀프 디자인 카드 프로젝트'를 실시했다. 이외에도 2009년 CJ인터넷과의 제휴를 통해 게임 캐릭터를 활용한 셀프 디자인 상품 서비스를 출시하기도 했다.

소프트뱅크벤처스로부터 3억 원을 투자받아 그 가치를 공개적으로 인정받은 바이미닷컴은 제2의 한류가 불고 있는 요즘, 우리나라의 유망 디자이너를 세계 무대에 알리는 디자인 한류 시대의 첨병 역할을 자임하고 있다.

바이미의 주요 특징

1. 디자이너들이 만든 제품을 소개하고 판매할 수 있는 오픈 마켓 제공
2. 세상에 하나뿐인 나만의 작품을 소장할 수 있는 기회 제공
3. 디자이너도 레벨에 따라 수익 배분 차등 적용

아이디어

신인 디자이너들의 작품을 일반인들에게 알리고 판매할 수 있는 방법은 없을까?

감성역량

주요 고객 일반 소비자, 기업
시장 규모 보통
고객가치 신인 디자이너들에게는 자신의 디자인을 소개하고 판매할 수 있는 기회를 제공하고, 소비자들에게는 개성을 담은 제품을 구입할 기회 제공

융합역량

핵심활동 온라인 마켓 구축
채널 온라인
수익 모델 중개수수료

하이디어

자신의 실력을 알리고 수익을 창출하고 싶은 신인 디자이너들의 욕구를 파악, 개인 소비자는 물론 기업 고객과의 디자인 거래를 중개하는 온라인 마켓플레이스 오픈

07 신인 화가들 다 모여라!

아트폴리
www.artpoli.com

2011년 5월 어느 날, 미술을 전공하는 대학생들과 만나 함께 이야기를 나눌 기회가 있었다. 그런데 그들의 하소연이, 국내 최고로 꼽히는 미대를 나와도 작품 활동만으로는 먹고살기가 매우 어렵다는 것이었다. 기수 지망생들이 7~8년간 연습생 기간을 거쳐도 데뷔하기가 하늘의 별따기인 것처럼, 미술 전공자들도 7~8년 동안 공방생활을 하면서 작품 활동을 해도 프로로 데뷔할 수 있는 기회를 잡기가 너무나 어렵다는 것이 그들의 이야기다. 물론 일류 대학을 나온다고 해서 모두가 그에 걸맞은 실력을 소유하는 것은 아닐 테지만, 마음껏 작품 활동을 할 수 있는 기회조차 주어지지 않는다니, 이야기를 듣는 나조차 절망감을 느꼈다.

그나마 신인 가수들은 어렵게라도 음악 프로그램을 통해 자신의 음악을 알릴 수 있지만, 미술계에는 이런 데뷔 무대 자체가 흔치 않다. 이러다보니 신인 작가들이 자신의 작품을 대중에게 소개할 기회가 거의 없는 것이 현실이다.

아트폴리는 이러한 현실을 타파하고자 만든 온라인 화랑이다. '모두를 위한 미술'을 슬로건으로 내세운 아트폴리는 대형 화랑에 쏠려 있는 힘을 분산시키고 기존 미술 시장의 '생산-유통-소비'의 균형을 바로잡아 대중에게 열린 미술 시장을 만드는 것이 설립 목적이다. '미술 작가들이 작품을 공유하고, 다른 작가들과 교류하고, 감상자들을 만날 수 있는 곳'이며, '모든 사람들이 미술작품을 즐기고, 작가들과 만나고, 마음에 드는 작품을 구매하거나 의뢰할 수 있는 곳'이라고 밝히고 있다.

아트폴리 홈페이지에 가면 아래와 같은 회사 소개가 있다. 그동안 많은 회사 소개를 봐왔지만, 이렇게 친절하고 명확하게 회사가 고객에게 제공하는 가치를 설명한 곳은 이곳이 처음이다. 혼자 보기 아까워 책에 옮겨본다.

"점점 많은 분들이 미술에 관심을 갖고 있습니다. 집이나 사무실에 미술 작품을 걸어놓고 감상에 젖고 싶고, 소중한 사람들에게 미술작품을 선물하고 싶은 생각도 듭니다. 하지만 막상 미술을 가까이 하기란 매우

아트폴리 홈페이지

어렵습니다. 미술 관련 뉴스가 많아지고 있지만, 기존 미술시장은 여전히 벽이 있습니다. 우선 작품의 대부분은 상당한 고가여서 일반인들이 엄두를 내기가 어렵습니다. 또한, 미술에 대하여 많이 모르는 사람들은 뭔가 어울리지 않는 곳에 온 듯이 위축되기도 합니다. 어디에 가야 미술 작품들을 감상할 수 있는지도 잘 모릅니다. 바쁜 사람들이 많은 곳에 발품팔고 다닐 시간적 여유를 내기는 쉽지 않습니다.

작가 입장에서도 유명 작가가 아니면 화랑이나 전시회 등에 선보이는 것 자체가 쉽지 않습니다. 미술가 지망생이었다가 이러한 어려움 때문에, 중도에 작가의 길을 포기하는 사람들이 많습니다. 미술이 좋아서 그 길을 가는 사람들이 자신의 미술 세계를 소개도 못해보고 좌절한다면 안타까운 일입니다.

아트폴리는 그래서 시작하였습니다. 바쁜 일상의 틈에서 예술의 향기를 느끼고 싶고, 작가의 예술세계와 공감하고 싶은 모든 사람들을 위한 곳. 자신의 예술세계를 많은 사람들과 공유하고 작은 즐거움을 줄 수 있음에 행복을 느끼는 미술가라면 누구나 환영인 곳. 그런 곳을 만들고자 합니다."

얼마 전 집 거실에 걸 그림이나 영화 포스터를 찾기 위해 인터넷을 뒤진 적이 있었다. 영화 포스터도 괜찮은 작품은 5~6만 원이 넘었다. 영화 포스터를 살까 하다가 마음에 드는 작품이 없어 손을 놓고 있던 중에 우연히 500피스짜리 퍼즐을 사게 됐고, 1주일 동안 안 돌아가는 머리를 끙끙대며 퍼즐을 맞추고 액자에 넣어 걸었다. 태어나서 처음 퍼즐을 맞춰 봤는데 무엇보다 목이 너무 아팠다. 500피스짜리 퍼즐을 샀기에 망정이지 1,000피스였더라면 아마 앓아누웠을 것이다.

이렇게 힘겹게 퍼즐 작품을 거실 벽에 걸고 나서야 아트폴리를 알게 됐다. 진작 아트폴리를 알았다면 이곳에서 마음에 드는 작품을 바로 구매했을 것이다. 자신의 작품을 소개하고 싶은 이들과 작품을 만나고자 하는 이들을 이어주는 곳, 그러한 시도를 하고 있는 곳이 바로 아트폴리다.

아트폴리는 미술의 대중화를 선언하고 100만 원 이하 미술작품을 중심으로 판매하겠다고 선언했다. 최근에는 100만 원 이상의 미술작품도 취급하고 있지만, 기본적으로 부담 없는 가격의 작품을 장려하고 있다. 고가의 미술작품을 주로 다루는 일반적이 갤러리가 한정된 VIP 고객만을 겨냥하고 있다면, 아트폴리는 합리적인 가격의 미술작품을 폭넓은 사람들에게 소개하겠다는 포부를 밝힌 것이다. 판매수수료도 작품 하나당 20%로 비교적 저렴한 편이다. 일반 갤러리의 경우는 수수료율이 50%에 달한다고 한다.

사이트를 방문하면 다양한 작가의 작품을 무료로 감상할 수 있고 원하면 원작은 물론 포스터, 엽서, 벽지, 명함 등의 형태로 작품을 구매할 수 있다. 가격도 물론 저렴하다. 안목이 있다면 내가 구매한 작품을 만든 화가가 나중에 유명해져 그림 값이 수십, 수백 배 뛸 수도 있으니, 장기적인 관점에서 투자를 해봄직도 하다.

또한 트위터, 페이스북 등 소셜네트워크서비스와 연동해 자신이 관심 있는 작가나 작품에 대해 지인들과 이야기를 나누고 소개도 할 수 있다. 현재 아트폴리에 등록해 활동하고 있는 아마추어 작가는 1,000여 명에 이른다.

아트폴리의 주요 특징

1. 신인 작가의 100만 원 이하 작품을 중심으로 취급, 신인 작가들이 세상과 소통할 수 있는 공간 마련
2. 온라인으로 편리하게 작품을 감상하고, 보다 저렴한 가격으로 작품 구매가 가능하며 엽서, 이미지 등 다양한 형태로도 가공 가능
3. 소셜미디어를 통해 작가 및 작품에 대한 관심을 표현하고, 지인들과 커뮤니케이션할 수 있음

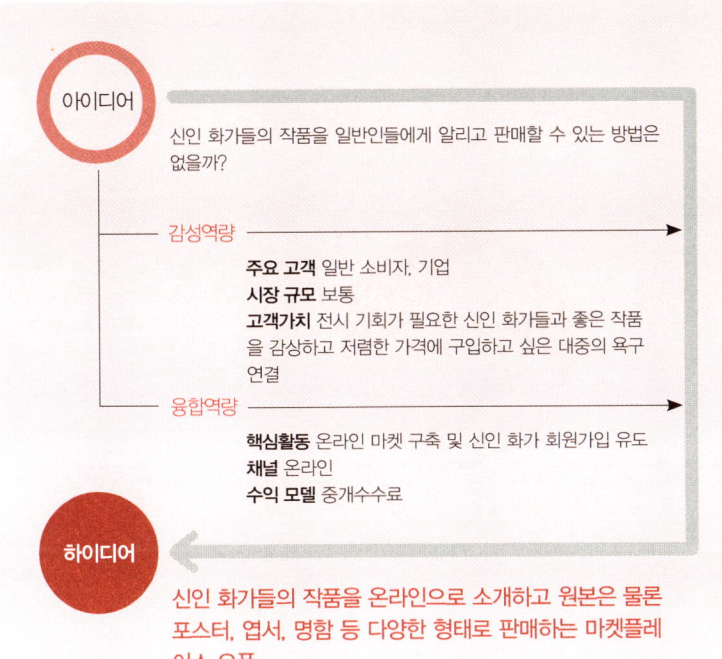

아이디어

신인 화가들의 작품을 일반인들에게 알리고 판매할 수 있는 방법은 없을까?

감성역량

주요 고객 일반 소비자, 기업
시장 규모 보통
고객가치 전시 기회가 필요한 신인 화가들과 좋은 작품을 감상하고 저렴한 가격에 구입하고 싶은 대중의 욕구 연결

융합역량

핵심활동 온라인 마켓 구축 및 신인 화가 회원가입 유도
채널 온라인
수익 모델 중개수수료

하이디어

신인 화가들의 작품을 온라인으로 소개하고 원본은 물론 포스터, 엽서, 명함 등 다양한 형태로 판매하는 마켓플레이스 오픈

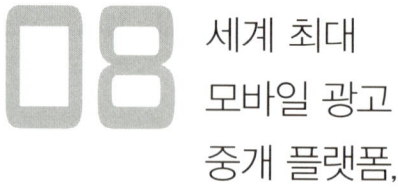

08

세계 최대
모바일 광고
중개 플랫폼,

애드몹
www.admob.com

모바일 광고는 10년 전부터 인기 있는 아이템이었다. 하지만 휴대폰이 지금의 스마트폰처럼 성능이 좋지 않아 활용 범위가 넓지 못했고, 그렇기에 광고 효과도 미미해 몇몇 기업에서 실험적으로 시도하는 데 그치는 경우가 많았다. 하지만 지금은 다르다. 시장조사 기관인 가트너에 따르면 모바일 광고 시장은 2011년 33억 달러에서 2015년 206억 달러로 성장할 것으로 예측될 만큼 매력적인 시장으로 인식되고 있다. 전 세계 휴대폰 사용자가 컴퓨터 사용자를 넘어서는 등 모바일 디바이스가 위력을 떨치고 있기 때문이다.

애드몹 동영상 QR코드

급성장하는 모바일 광고 시장에서 가장 주목받는 스타는 다름 아닌 애드몹이다. 구글이 7억 5,000만 달러에 인수해 큰 화제를 낳은 애드몹은 포드, 코카콜라, 아디다스 등 포춘 500대 기업 다수를 고객사로 보유하고 있으며 현재 한 달에 600억 건 이상의 페이지뷰를 기록하고 있다. 특히 매달 1억 개 이상의 구글 안드로이드 및 애플 iOS 기기에 모바일 광고를 노출하고 있다.

애드몹은 광고주, 애플리케이션 개발자, 모바일 페이지 운영자, 일반 사용자로 구성된 모바일 광고 플랫폼을 운영한다. 어떻게 보면 구글의 애드센스와도 유사하다. 앱 개발자가 만든 앱을 배포하고 수익을 창출할 수 있는 솔루션을 제공하는 구조다. 개발자는 애드몹이 제공하는 솔루션을 활용하여 앱을 개발하고 모바일 웹 게시자는 이를 게재하여 트래픽을 올리고 수익을 창출하는 방식이다. 사용자가 광고를 클릭하면 앱스토어의 해당 앱 페이지로 이동하고, 이를 다운로드 받아 설치하게 된다. 일반인들도 자신이 만든 앱에 애드몹 광고를 간단하게 붙일 수 있다.

즉 누구나 간단하게 앱이나 모바일 페이지에 광고를 게재할 수 있고,

이를 통해 수익을 창출할 수 있는 환경을 만든 것이 애드몹의 하이디어 모델이다. 애드몹은 2010년 기준 5만 개에 달하는 앱을 확보하고 있으며, 국내에서도 월 20억 페이지뷰를 기록할 만큼 큰 인기를 누리고 있다.

애드몹의 주요 특징

1. 전 세계 최대 규모 모바일 광고 네트워크 구현
2. 누구나 쉽게 광고를 게재할 수 있고, 실적에 따른 수익 분배 가능

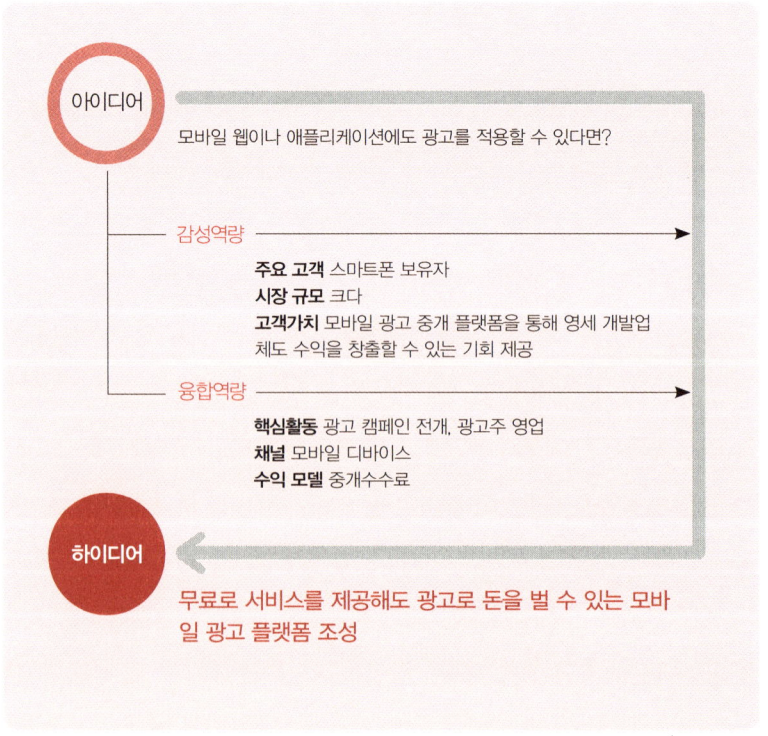

09 상부상조형 어학 공동체,

라이브모카
www.livemocha.
com

몇 년 전 일본 드라마 〈노다메 칸타빌레〉를 시청한 후부터 한동안 일본 드라마에 푹 빠진 적이 있었다. 출퇴근 시간, 주말이나 새벽 등 짬날 때마다 보다 보니 약 70여 편의 '일드'를 보게 됐다. 웬만한 인기작들은 모두 섭렵한 뒤 신작에까지 진출(?)하려 하니 일본어를 못하는 나로서는 '무리데쓰無理です'가 아닐 수 없었다. 해서 일본어 공부를 하기로 결심했지만 학원에 갈 엄두가 나지 않아 인터넷을 뒤지던 중 라이브모카를 발견했다.

'이거다!' 싶어 회원으로 가입하고 일본어를 가르쳐

줄 '센세先生'를 찾아 공부를 시작했지만 이런저런 이유로 좀 하다가 말았다. 아마 그 당시 계속 일본어를 공부했더라면 아마도 지금쯤 '일드 번역가'로 활동하고 있지 않을까 하는 야심찬 상상을 해본다.

라이브모카는 바쁜 현대인들이 언제 어디서나 쉽고 편하게 외국어 공부를 할 수 있도록 돕는 사이트로, 2007년 9월 첫 문을 연 뒤 1년 만에 사용자 100만 명을 확보한 세계 최대의 온라인 외국어 학습 커뮤니티다.

라이브모카는 언어 학습과 소셜미디어를 결합한 '소셜 언어 학습'이라는 새로운 하이디어 모델을 만들어냈다. 라이브모카 서비스의 핵심은 협업과 공유다. 라이브모카 창업자인 슈츨러 대표는 "언어를 배울 때 무언가 좋은 일을 하고 있다는 이용자의 동기부여가 매우 중요하다"고 강조한다. 이용자들이 자발적으로 모국의 언어를 배우고 싶어 하는 외국인 이용자를 도울 수 있는 환경과 플랫폼을 만들어주는 것이 라이브모카의 핵심 서비스다.

라이브모카는 회원들끼리 영어, 불어, 스페인어, 독일어, 포르투갈어, 한국어, 일본어 등 자신의 모국어를 공부하도록 도와주는 서비스를 제공하고 있다. 이미 전 세계에 1,000만 명에 달하는 회원들이 활동 중이다. 이들은 외국어를 학습하는 학생이자 동시에 모국어 언어교사인 '티처던트teacher+student'가 되는 셈이다.

그렇다면 구체적으로 어떻게 서로를 도와 공부하는 것일까? 라이브모카 학습 프로세스는 다음과 같다. 첫째, 외국어 학습 코스를 등록한다. 그런 다음 전 세계에서 같은 언어를 공부하는 사람들과 친구를 맺는다. 과제물을 제출하면 다른 회원들이 검토하고 개선점을 제시해주어 학

습 힌트를 얻을 수 있다. 그리고 주간별 학습목표를 정하면 다른 회원과 진도를 비교하고 그 결과도 제시해주어 경쟁을 통한 동기부여도 받을 수 있다.

　라이브모카에서 주목할 만한 부분은 참여에 대한 게임의 법칙으로, 이는 '모카포인트' 제도를 통해 이뤄진다. 모카포인트는 일종의 평가점수 제도로 학습자와 교습자 모두의 자질과 기여도를 측정하고 표시한다. 예를 들어 새로운 외국어 수업과정 완료, 다른 회원들의 수업과정 검토, 플래시 카드 세트 만들기, 작문, 말하기 숙제 제출 등을 통해 포인트를 획득할 수 있다. 특히 전문적인 지식이 있거나 정기적으로 다른 회원들에게 좋은 피드백을 제공하는 회원들에게는 특수교사 자격을 부여하고 있다. 이처럼 교사 자격을 부여받은 회원은 다른 커뮤니티 회원들에게 유료 1:1 과외 서비스를 제공해 수익을 창출할 수 있다. 한 달간 매일 15분 동안 개인지도를 받는다면 40달러 정도를 지불하면 된다. 기본적인 과정은 무료지만 심화 과정은 유료로 운영되며, 모카포인트로도 결제할 수 있다.

라이브모카의 주요 특징

1. 원어민끼리 서로의 모국어를 무료로 가르쳐주는 온라인 플랫폼 조성
2. 무료로 세계 각국 언어를 현지인으로부터 배울 수 있는 기회 제공
3. 모카포인트 제도를 통해 기여도를 평가하고, 기여도가 높은 사람에게 특수교사 자격을 부여해 수익을 거둘 수 있는 기회를 제공함

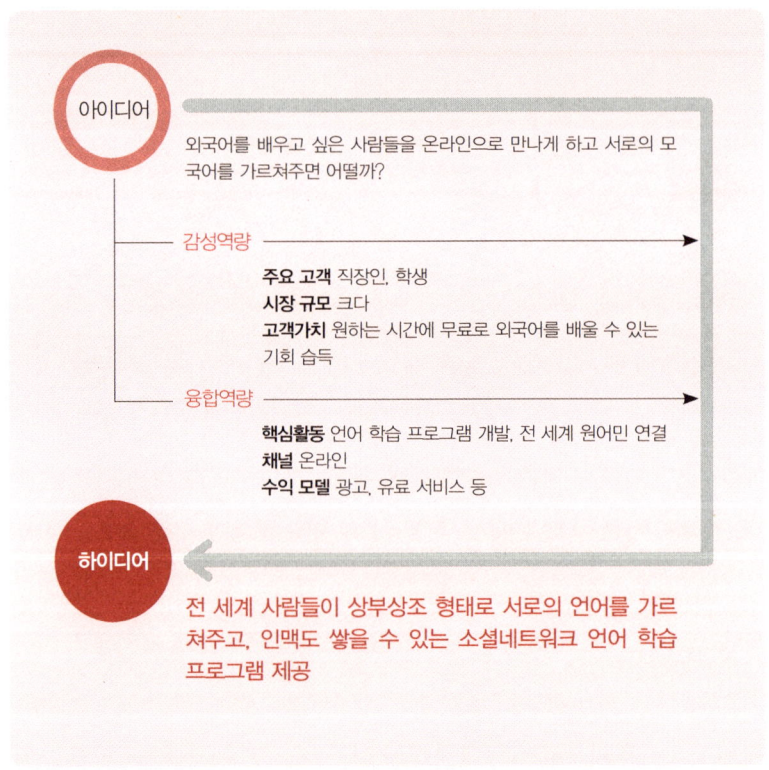

아이디어

외국어를 배우고 싶은 사람들을 온라인으로 만나게 하고 서로의 모국어를 가르쳐주면 어떨까?

감성역량

주요 고객 직장인, 학생
시장 규모 크다
고객가치 원하는 시간에 무료로 외국어를 배울 수 있는 기회 습득

융합역량

핵심활동 언어 학습 프로그램 개발, 전 세계 원어민 연결
채널 온라인
수익 모델 광고, 유료 서비스 등

하이디어

전 세계 사람들이 상부상조 형태로 서로의 언어를 가르쳐주고, 인맥도 쌓을 수 있는 소셜네트워크 언어 학습 프로그램 제공

10

신상 화장품을
선물해주는
나만의
파우더룸,

버치박스
www.birchbox.
com

유명 브랜드의 화장품은 여성들에게 매우 인기가 높지만 비싼 가격 때문에 구매하기 쉽지 않다. 큰맘 먹고 구매를 결심했더라도 '비싸게 주고 샀는데 내 피부에 맞지 않으면 어쩌지?' 하는 고민, '이것저것 비교해보고 내 피부에 잘 맞는 브랜드로 구매하고 싶다'는 욕구가 생기기 마련이다. 이러한 고민과 욕구를 해결해주는 것이 바로 샘플 화장품이다.

실제로 샘플 화장품에 대한 선호도가 높기에, 대부분의 화장품 회사에서는 많은 비용을 들여 샘플 제품을 제작하고 있다. 문제는 이렇게 만든 샘플을 어떻

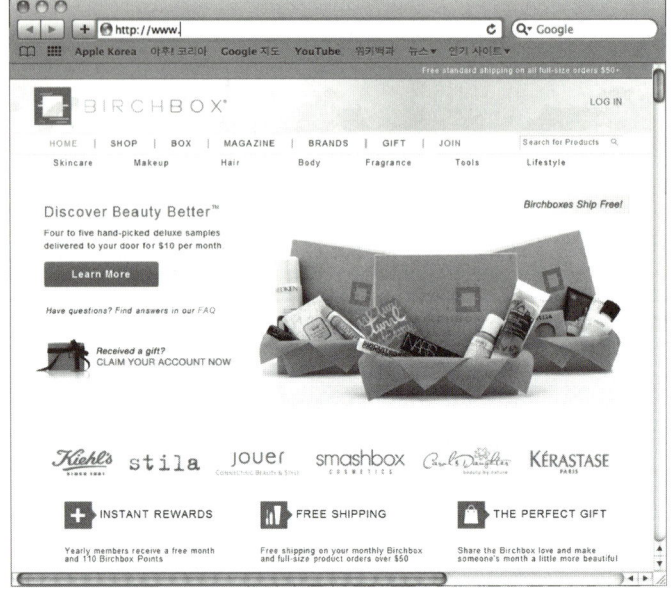

게 소비자들에게 전달하느냐다. 매장을 방문하는 사람은 한정돼 있고, 바쁜 직장 여성들은 관심이 있어도 빠듯한 시간 때문에 백화점이나 뷰티 숍을 방문할 짬이 잘 나지 않는다.

버치박스는 화장품 회사와 20~30대 직장 여성들의 이런 불편함과 니즈를 잘 캐치해 사업화했다. 버치박스는 월 회원 또는 연 회원으로 가입한 회원에게 유명 브랜드 화장품의 샘플을 예쁜 핑크색 박스에 담아 택배로 배달해주는 서비스로, 하루 3만 명이 방문할 만큼 높은 인기를 누리고 있다.

회원가입비는 1년에 110달러, 월 10달러다. 이 금액만 지불하면 굳이

버치박스 동영상 QR코드

숍을 방문하지 않아도 매달 전문 MD가 선정한 컨셉에 맞는 4~5개의 최신 화장품 샘플을 받을 수 있다. 베네피트, 불가리, 스틸라, 나스, 수 데빗, 키엘, 벨레다 등 유명 뷰티 브랜드들이 참여해 더욱 인기가 높다.

버치박스가 제공하는 게임의 법칙은 포인트 제도다. 월 회원에 가입하면 100포인트를 제공하고 친구를 추천하거나 제품을 구매하면 포인트가 누적된다. 이렇게 적립한 포인트는 온라인 숍에서 정품을 구입할 때 사용할 수 있다. 저렴한 금액으로 유명 화장품 회사에서 제공하는 샘플 제품을 써보고 맘에 들면 정품을 구입하도록 유도하는 것이 버치박스의 핵심 하이디어 모델인 것이다. 화장품 업체 입장에서는 자사의 샘플 화장품을 대신 나눠주고 홍보해주는 버치박스가 고마운 존재일 수밖에 없다. 또한 고객의 입장에서도 잘 몰랐던 화장품 최신 트렌드를 발 빠르게 파악할 수 있고, 고급 화장품을 소개받아 직접 사용해볼 수 있어 여성들에게 큰 인기를 누리고 있다.

국내에도 버치박스와 비슷한 서비스가 출시돼 인기다. 미미박스www.memebox.co.kr, 겟잇박스www.getitbox.com, 글로시박스코리아www.glossybox.co.kr 등에서 신청하면 멋진 뷰티 미니어처를 받아볼 수 있다.

버치박스의 주요 특징

1. 주요 화장품 브랜드의 신제품 샘플 4~5개를 월 1회 예쁜 박스에 담아 택배로 배송
2. 샘플을 써보고 마음에 들면 온라인 숍에서 정품 구매 유도

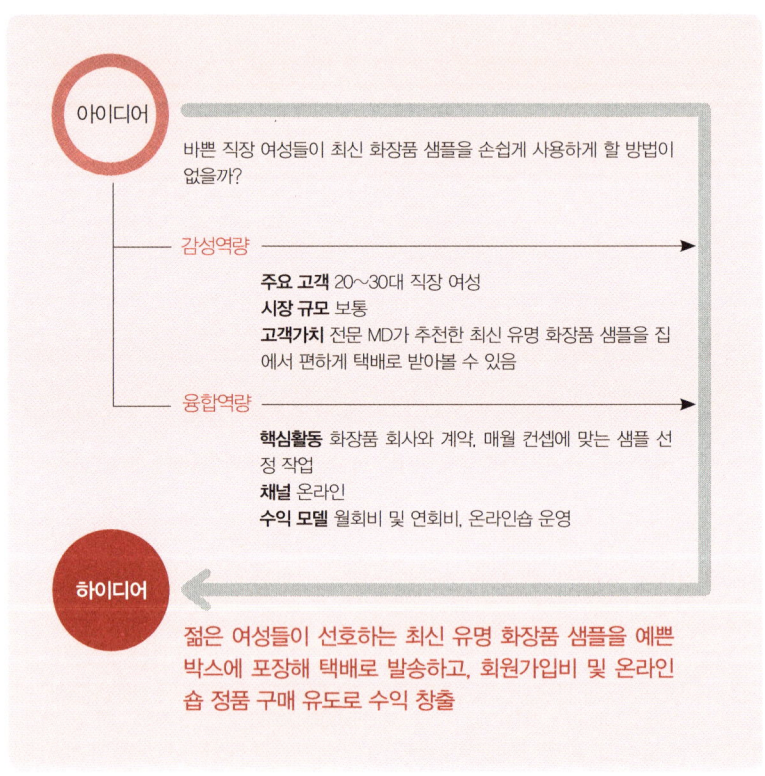

아이디어

바쁜 직장 여성들이 최신 화장품 샘플을 손쉽게 사용하게 할 방법이 없을까?

감성역량

주요 고객 20~30대 직장 여성
시장 규모 보통
고객가치 전문 MD가 추천한 최신 유명 화장품 샘플을 집에서 편하게 택배로 받아볼 수 있음

융합역량

핵심활동 화장품 회사와 계약, 매월 컨셉에 맞는 샘플 선정 작업
채널 온라인
수익 모델 월회비 및 연회비, 온라인숍 운영

하이디어

젊은 여성들이 선호하는 최신 유명 화장품 샘플을 예쁜 박스에 포장해 택배로 발송하고, 회원가입비 및 온라인숍 정품 구매 유도로 수익 창출

11

십시일반으로
소중한
꿈을
이뤄주는 곳,

얼마 전 영화 〈로보캅〉의 한 열성팬이 영화의 배경인 디트로이트 시내에 로보캅 동상을 만들겠다며 6만 달러가 넘는 돈을 오직 인터넷을 통해 조달했다고 밝혀 화제가 되었다. 이 사람은 과연 어떤 재주가 있기에 자신은 한 푼도 내지 않고 단지 인터넷으로만 우리 돈으로 6,000만 원이 넘는 거금을 조달할 수 있었을까? 그 비결은 소셜 펀딩, 즉 크라우드 펀딩이다.

남다른 아이디어나 가치 있는 명분만 있다면, 소셜 네트워크를 통해 이에 관심 있는 사람들을 찾아 홍보하고, 필요한 도움을 받을 수 있는 환경이 도래했다.

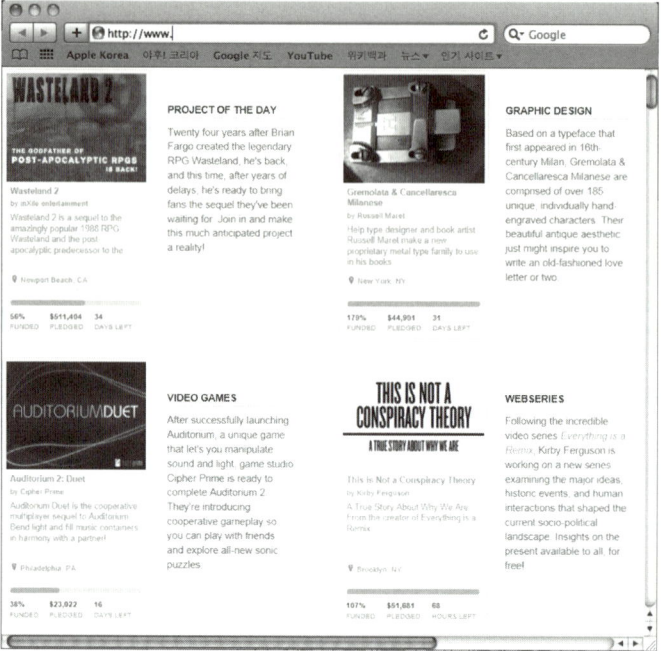

이렇게 온라인 소셜네트워크의 힘을 활용해 자금을 모으는 소셜 펀딩은 전 세계적인 붐을 이루고 있는데, 그 선두주자가 바로 킥스타터다.

킥스타터는 '펀딩을 통해 창조의 후원자가 돼라'는 모토를 가진 소셜 펀딩 회사로 디자인, 패션, 미술, 사진, 출판, 게임, 연극 등 주로 예술 관련 프로젝트를 다루고 있다. 이 중 가장 인기 있는 분야는 영화와 음악이다. 후원 금액은 단돈 1달러부터 무제한이지만 킥스타터 후원자들은 평균 71달러를 후원한다고 한다. 보통의 경우 캠페인당 목표금액은 아이디어를 실현시킬 수 있을 정도의 금액인 1만 달러 정도다. 킥스타터는 중개 수수료로 기금의 5%를 받고 있다.

사실 킥스타터의 폭발적인 성장을 뒷받침한 것은 이들만의 독특한 게임의 법칙이다. '모 아니면 도All or Nothing' 방식으로, 정해진 기간에 목표 금액이 다 모아지지 않으면 펀딩이 없었던 것으로 되어 한 푼도 받을 수 없게 된다. 그렇기에 자신이 후원하는 프로젝트가 수포로 돌아가지 않도록 끊임없이 관심을 가지고 지켜보게 되고, 이는 결국 더 많은 금액을 모을 수 있는 바탕이 된다.

실제 킥스타터 캠페인의 모금 성공 비율은 43% 정도다. 사업 출발 당시 창립자들은 5% 내외의 성공률을 기대했다고 하니 초기 기대에 비해 꽤 성공을 거둔 셈이다. 킥스타터는 이러한 활동을 통해 그동안 상업 예술에 가려 주목받지 못했던 인디 예술 분야의 생태계를 조성했다는 평가를 받고 있다.

최근 킥스타터 이외에도 다양한 크라우드 펀딩 사이트들이 생겨나고 있다. 인디고고www.Indiegogo.com 역시 인기 있는 크라우드 펀딩 사이트다. 이들의 슬로건은 'DIWO', '즉 다른 사람과 함께하라Do-It-With-Others'는 것이다. 여기서는 누구나 자신이 원하는 프로젝트를 등록할 수 있고, 저마다 구구절절한 사연을 통해 기부자들의 클릭을 호소한다.

킥스타터와 다른 점은 예술 분야에 국한하지 않고, 목표금액에 도달하지 못해도 모금액을 전달한다는 것. 매달 3,000여 개 프로젝트가 올라오며, 2009년 한 해 동안 모아야 했던 후원금을 지금은 1주일 만에 모을 정도로 성장 속도도 빠르다.

킥스타터의 주요 특징

1. 네티즌들이 십시일반하여 예술가들의 창작활동을 위한 종잣돈 마련
2. 당초 목표했던 금액을 채우지 못하면 프로젝트가 없어지는 '모 아니면 도' 방식
   적용
3. 인디 예술 분야의 생태계 조성에 기여

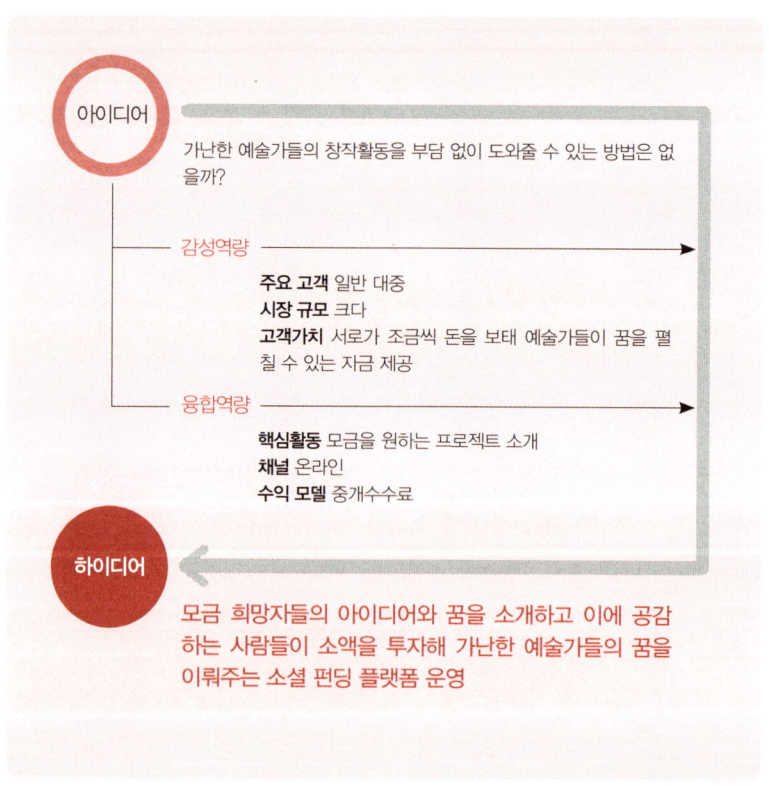

공짜 주고 알짜 얻는
무료 비즈니스 모델

2011년 7월, 캐나다 벤쿠버에서 개최된 세계미래학회에서 유명 컨설턴트이자 미래학자인 오웬 그레이브스는 앞으로 각광받을 차세대 비즈니스 모델로 '오픈 앤 프리open & free' 모델을 꼽았다. '오픈 앤 프리'란 말 그대로 모든 사람이 언제나 접근할 수 있으며, 무료로 제공되는 비즈니스 모델을 말한다.

경기침체로 소비자의 지갑이 얇아질 대로 얇아진 만큼 '공짜'의 위력은 그 어느 때보다 강력해지고 있다. 여기에 소셜미디어가 빠르게 확산되고 있다는 점도 무료 비즈니스 모델의 미래를 밝혀주는 요인이다. 만약 무료 비즈니스 모델을 계획하고 있다면 다음 4가지 유형을 참조하길 권한다. 최근에 출시되는 비즈니스 모델은 3번째 유형인 '프리미엄freemium 모델'을 채택하는 경우가 대부분이다.

무료 비즈니스 모델의 4가지 유형

무료 비즈니스 모델은 디지털 문화전문지인 〈와이어드〉의 편집장이자 IT사상가인 크리스 앤더슨의 저서 《FREE 프리》를 통해 알려지게 되었다. 크리스 앤더슨은 이 책에서 무료 비즈니스 모델의 유형을 4가지 유형으로 분류하고 있다.

[무료 비즈니스 모델 1] 직접적인 상호보조 : 하나는 무료로, 또 다른 하나는 유료로

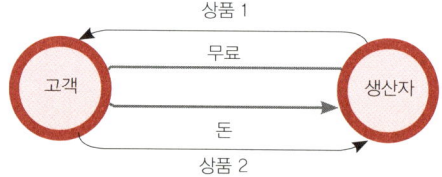

상품 1
무료
고객 생산자
돈
상품 2

그중 첫 번째는 1가지 상품을 무료 또는 저가로 제공하고 다른 상품을 유료 또는 고가로 판매하는 모델이다. 한 상품에서는 손해를 보더라도 공짜 또는 저가로 서비스를 제공해 고객을 유인한 다음, 다른 영역에서 수익을 내는 방식이다. 예를 들어 주력상품인 면도기는 손해를 보더라도 저렴하게 판매하는 대신, 소모품인 면도날을 통해 지속적으로 수익을 창출하고 있는 질레트의 면도기와 면도날 모델이 대표적이다. 그런데 반대의 경우도 있다. 바로 애플의 아이팟과 아이튠즈 모델이다. 애플은 주력상품인 아이팟은 비싸게 판매하지만, 부가서비스인 디지털 음원에서는 거의 이익을 남기지 않고 있다.

두 번째는 사용자가 아닌 제3자가 대신 비용을 지불하는 방식이다. 생산자와 소비자는 무료로 상품을 교환하고, 제3자는 그로 인해 창출되는 시장에 참여하기 위해 소비자를 대신해서 비용을 지불하는 것이다. 신문이나 잡지 같은 미디어가 대표적인 사례로 매체사는 사용자에게 무료로 잡지를 제공하고, 잡지에 광고를 게재한 광고주로부터 광고비용을 받는다. 무료로 서비스를 제공하는 대신, 사람들이 많이 모이는 공간에 광고를 게재함으로써 수익을 창출하는 것이다.

[무료 비즈니스 모델 2] 광고 보조 : 제3자, '서드파티'가 양측에 보조를 해준다

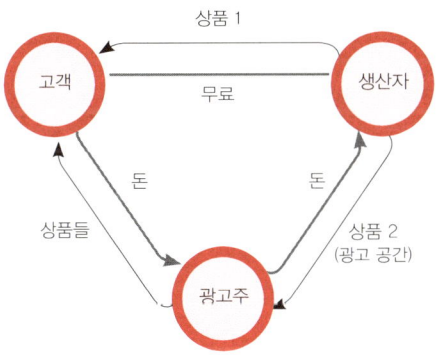

세 번째는 일부 소수의 사용자가 낸 돈으로 다수의 사용자가 무료로 상품을 이용하는 '프리미엄freemium 모델'이다. 프리미엄이란 무료를 뜻하는 'free'와 고급이라는 뜻을 가진 'premium'의 합성어로 이용자의 95%에게는 무료로 기본 서비스를 제공하고, 5%의 사람들에게는 차별화된 고급 서비스를 유료로 제공해 수익을 창출하는 방식이다.

[무료 비즈니스 모델 3] '프리미엄' : 소수의 사람들이 전체를 보조한다

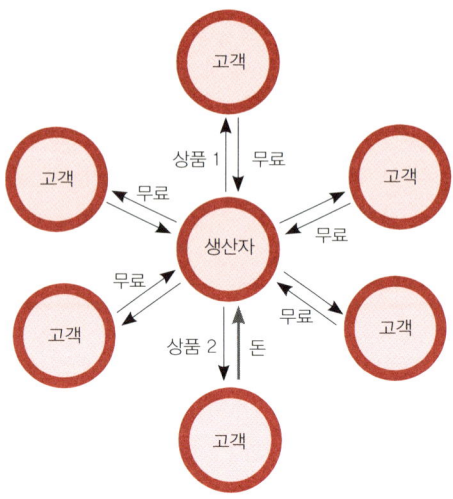

대표적인 예로 인터넷 전화 업체 스카이프와 인터넷 사진 공유 업체 플리커를 들 수 있다. 스카이프의 경우에는 인터넷 전화서비스를 사용하는 사람들 간에는 무료로 서비스를 제공하고, 일반전화나 휴대폰으로도 통화를 원하는 사용자에게는 사이버머니인 크레딧을 판매해 수익을 창출하고 있다. 플리커 역시 기본적인 사진 공유 서비스는 무료로 제공하지만, 무제한 업로드가 가능한 프로계정은 1년에 24.95달러를 받고 있다.

그런데 이런 프리미엄 방식이 제대로 작동하기 위해서는 무료로 제공하는 제품이나 서비스가 고객이 충분히 만족할 만큼의 품질을 갖추고 있어야 한다. 그래야 많은 사람들이 몰리게 되고, 많은 사람들이 모여야만 네트워크 효과에 의해 '록인lock-in 효과'가 발생하기 때문이다.

[무료 비즈니스 모델 4] 선물 경제 : 사람들이 비금전적인 보상을 제공한다

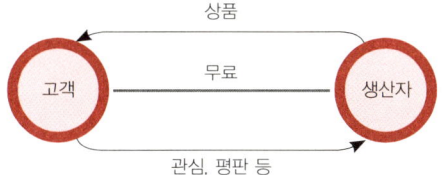

    네 번째는 사용자가 서비스를 무료로 이용하는 대신, 돈이 아닌 평가나 관심과 같은 비금전적인 보상을 제공하는 모델이다. 위키피디아가 대표적인 사례로, 사용자는 무료로 위키피디아에 올라온 정보를 이용하는 대신 새로운 정보를 등록하거나 다른 사람이 등록한 자료를 수정해 위키피디아에 비금전적 보상을 제공한다.

4장

Unique high-idea

남들이 만들어 놓은 비즈니스 모델을 따라가면 편하고 안정적이긴 하지만 그만큼 경쟁자도 많고 잘 기억되지도 않는다. 스마트 비즈니스 시대에는 시장을 따라가는 것이 아니라

시장을 바꿔가야 한다. 남들이 닦아 놓은 편한 길을 거부하고, 나만의 독특한 비즈니스 모델로 승부수를 던져야 한다.

나만의
독특함으로
승부수를
던진다

눈이 펑펑 쏟아진 다음 날, 출근하기 위해 집을 나서면 하얀 눈 위에 부지런한 사람들이 찍어놓은 발자국이 여기저기 나있다. 이때 신발에 조금이라도 눈을 덜 묻게 하려고 다른 사람들의 발자국을 따라다닌 경험은 누구나 한 번쯤 있을 것이다.

다른 사람의 발자국을 따라가면 편하다. 하지만 아무 생각 없이 따라가다 보면 어디로 가는지도 모를뿐더러, 내 발자국은 남지 않는다. 비즈니스 세상도 마찬가지다. 남들이 만들어 놓은 비즈니스 모델을 따라가면 편하고 안정적이긴 하지만 그만큼 경쟁자도 많고 기억에 남지 못한다. 반면 눈길에 자신의 발자국을 남기는 사람은 비록 신발은 눈투성이가 될지언정 새로운 길을 개척했다는 자부심을 가질 수 있고, 역사의 한 페이지를 장식할 가능성 또한 열린다. 물론 고생만 하고 실패할 가능성도 매우 크지만.

하지만 스마트 비즈니스 시대에는 이러한 위험을 감수하고라도, 시장을 따라가는 것이 아니라 시장을 바꿔가야 한다. 지난 2005년 설치형 블로그 솔루션 개발업체인 테터앤컴퍼니를 창업해 구글에 매각한 노정석 아블라컴퍼니 대표는 한 일간지와의 인터뷰에서 "시장 트렌드를 따라가서는 성공하지 못한다. 열정과 재능을 가지고 스스로 시장을 바꿔가야 한다"고 말했다.

해외에서는 기존 비즈니스 모델에 의문을 품고 자신만의 독특함으로 성공한 비즈니스 모델이 속속 출현하고 있다. 이번 장에서는 남들이 닦아 놓은 편한 길을 거부하고 나만의 독특한 비즈니스 모델로 승부수를 던져 성공한 기업들의 사례를 소개한다.

01

내 돈
들이지 않고
아이를
맡긴다,

키즈앤컴퍼니
www.kidsand-
company.ca

어린 자녀를 둔 가정치고 어린이집이나 유치원비를 걱정하지 않는 집은 별로 없을 것이다. 어린이집에 아이를 맡기려면 최소 월 30만 원 이상 들어간다. 만약 영어유치원이라도 보내면 월 80만 원은 기본이다. 거기에 각종 교재비, 급식비 등을 합치면 비용은 그보다 훌쩍 뛰게 된다. 또 어린이집별로 교육 프로그램이나 환경이 천차만별이라서 믿고 맡길 수 있는 곳을 찾기도 쉽지 않다. 부모가 대기업이나 공기업에 다니는 경우 운 좋으면 사내 육아시설에 맡길 수 있지만, 그런 혜택을 받는 경우는 극히 드물다.

캐나다의 경우는 어떨까? 맞벌이가 일반화된 캐나다도 직장맘이 아이를 맡기려면 만만치 않은 돈이 들어간다. 하지만 만 6세 미만의 유아들을 돌봐주는 키즈앤컴퍼니에 아이를 맡기는 가정은 이런 걱정을 할 필요가 없다. 아이를 맡기는 비용이 무료인 데다, 교육 프로그램은 캐나다에서도 최고 수준이기 때문이다. 이 회사는 2002년 문을 연 이후 2007년까지 매출액이 1만 2,639%나 증가해 캐나다에서 가장 빠르게 성장한 회사 1위에 선정되는 기염을 토했다. 과연 그 비결은 무엇일까?

보통 어린이집은 부모들로부터 아이를 돌봐주는 비용을 받지만 특이하게도 키즈앤컴퍼니는 부모가 다니는 '회사'로부터 비용을 받는다. 직원들의 양육비를 지원하는 회사로부터 5,000~1만 캐나다달러의 가입비를 받는 하이디어 모델이다. 토론토 등 주요 도시의 다운타운에 있는 로펌이나 컨설팅 회사, 대형 금융기관, IT 회사가 주 고객이다.

키즈앤컴퍼니는 직장에서 복지 차원으로 임직원들의 육아 비용 일부를 지원한다는 점에 착안해 B2C가 아닌 B2B 모델을 만들었다. 직원들은 회사 비용으로 아이들을 믿을 수 있는 기관에 맡기니 일에 더 집중할 수 있다. 회사도 기왕 투입하는 복지예산을 좀 더 효율적으로 쓸 수 있고, 직원들의 로열티를 제고해 좋은 근무 분위기를 만들 수 있어 일석이조다. 키즈앤컴퍼니도 개인이 아닌 기업 대상으로 고객을 유치하고 관리하기 때문에 안정적인 수익을 창출할 수 있다는 장점이 있다.

키즈앤컴퍼니는 캐나다 24개 지역에서 200여 개의 기업 고객을 유치할 만큼 높은 인기를 누리고 있다. 우리나라에도 육아 비용을 지원하는 기업들이 많아졌기 때문에 키즈앤컴퍼니와 같은 하이디어 모델을 채택하는 교육기관이 등장한다면 많은 인기를 끌 수 있을 것이다.

1. 부모가 아닌 부모가 다니는 직장으로부터 자녀 양육 비용을 받음
2. B2C가 아닌 B2B에 집중해 안정적인 대규모 수익 창출

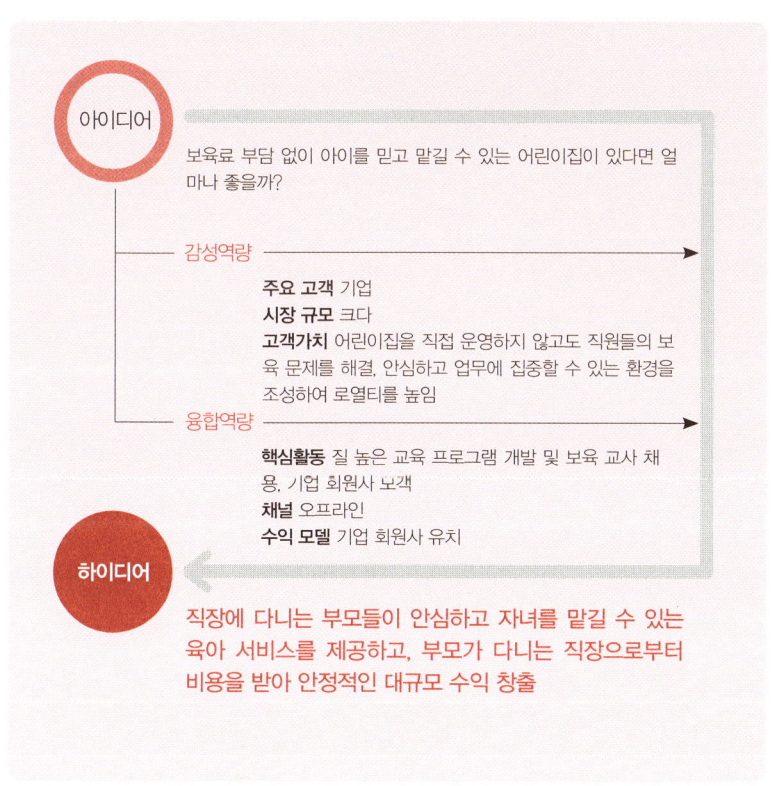

아이디어

보육료 부담 없이 아이를 믿고 맡길 수 있는 어린이집이 있다면 얼마나 좋을까?

감성역량

주요 고객 기업
시장 규모 크다
고객가치 어린이집을 직접 운영하지 않고도 직원들의 보육 문제를 해결, 안심하고 업무에 집중할 수 있는 환경을 조성하여 로열티를 높임

융합역량

핵심활동 질 높은 교육 프로그램 개발 및 보육 교사 채용, 기업 회원사 노객
채널 오프라인
수익 모델 기업 회원사 유치

하이디어

직장에 다니는 부모들이 안심하고 자녀를 맡길 수 있는 육아 서비스를 제공하고, 부모가 다니는 직장으로부터 비용을 받아 안정적인 대규모 수익 창출

02 자동차는 왜 꼭 렌터카 회사에서 빌려야 하지?

집카
www.zipcar.com

2000년 봄, 미국 시카고에서 열린 컴덱스COMDEX 취재차 생전 처음 미국을 방문한 적이 있다. 당시 업무상 차를 꼭 써야 해서 호텔 인근 렌터카 업체에 찾아가서 소형 닷지 차량을 빌렸다. 당시 면허를 취득한 지는 좀 됐지만 한 번도 운전을 해본 경험이 없는 이른바 장롱 면허 보유자였기 때문에, 한국도 아닌 복잡한 미국 시카고에서 차를 빌린 것은 지금 생각해보면 대단히 무모하고 어리석은 도전이었다.

실제로 공원 담벼락에 차를 박을 뻔했고, 한 번에 차선 2~3개를 넘나들다가 주위 시선을 한 몸에 받으며 다른 차들이 연주하는 경적 세레나데를 한참 감상해야 했다. 또 좌측 깜빡이를 켜고 우회전을 했던 것은 물론 주유소에 가서는 주유캡 대신 친절하게(?) 트렁크를 열어드렸다. 여기서 끝이 아니다. 렌터카 반납을 해야 하는데 위치를 몰라 한참을 빙글빙글 돌다 결국 반납 시간을 1시간 이나 넘기고 슈퍼주니어 멤버처럼 'sorry, sorry!'를 연발한 기억에 지금 도 식은땀이 흐른다. 당시 위험천만한 내 차 옆에서 운전하던 사람들에 게는 너무도 미안할 따름이다.

그 당시 굳이 렌터카 업체에 찾아가서 차를 빌리지 않고, 그냥 인근에 주차된 일반 자동차를 필요한 만큼 이용하고 목적지 근처의 주차장에 반 납하면 얼마나 편할까 생각했다. 그런데 이렇게 상상만 했던 사업 모델 이 실제로 현실화됐다. 미국 나스닥 상장에 성공하며 그 사업성을 인정 받은 카 쉐어링 서비스, 집카다.

MIT에서 경영학을 전공한 로빈 체이스가 2000년 설립한 집카는 '자 동차 공유 서비스'라는 하이디어 모델을 통해 기존 렌터카 업체를 이용 하며 겪을 수 있는 불편함을 말끔히 해소했다. 시간 단위로 차를 예약할 수 있고, 굳이 렌터카 업체까지 가지 않아도 스마트폰으로 주변에 있는 집카에 등록된 자동차를 이용하고 목적지에 도착한 후 근처에 반납하면 된다. 집카의 회원이 되면 그날 아침 기분에 따라 도요타가 자랑하는 하 이브리드카인 프리우스를 몰아도 되고, BMW의 미니를 타도 된다. 실제 로 집카를 이용하는 한 고객은 이런 소감을 남겼다. "중산층은 멋진 차가 있다. 부자들은 멋진 차를 많이 갖고 있다. 집카는 내가 부자인 것처럼 느끼게 해준다."

집카 홈페이지

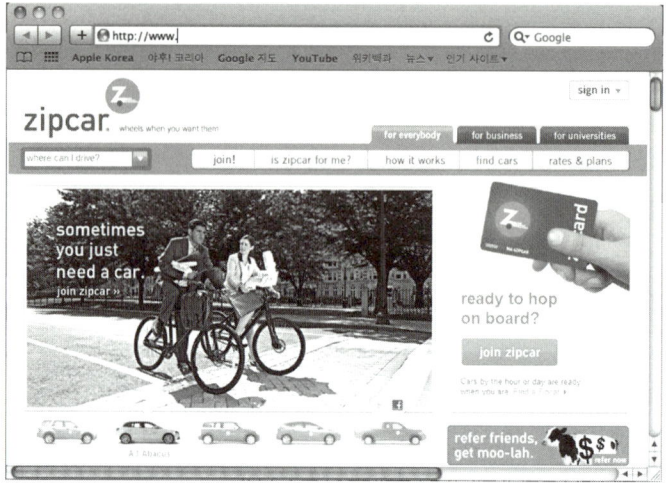

집카는 개인, 기업, 대학 등 3그룹으로 나누어 회원을 받고 있다. 개인의 경우 '집스터'라 불리는 집카의 회원이 되려면 시카고의 경우 회원 가입비 25달러와 연회비 60달러를 내면 된다. 시간당 요금은 평일 기준 7.75달러고, 하루 대여 비용은 72달러다. 물론 보험료와 기름값은 이 요금에 포함돼 있다. 회원가입비, 시간당 요금과 하루 대여 비용은 도시마다 다르며 소도시일수록 비용이 저렴하다.

온라인 잡지 〈슬레이트〉는 지난 2006년 9월 5일자 칼럼에서 "집카는 '미안했던' 카 쉐어링을 '섹시한' 것으로 만들었다"며 집카를 치켜세웠다. 실제로 집카와 같은 자동차 쉐어링 서비스를 이용하면 자동차를 소유하는 것보다 한 달에 약 600달러를 절약할 수 있다고 한다. 집카는 회사 설립 10년 만에 세계 1위 카 쉐어링 회사로 성장했으며 미국, 캐나다, 영국에 가입자 50만 명, 차량 8,000대를 보유하고 있다.

집카 동영상 QR코드

집카와 같은 자동차 공유 서비스는 자동차 유지 비용을 절약할 수 있는 데다, 환경오염까지 줄이는 장점이 있다. 여기에 날로 발전하는 IT기술이 결합되면 더욱 편리한 서비스를 제공할 수 있으리라 기대된다.

고유가로 골치 아픈 우리나라에도 집카와 유사한 컨셉을 내세운 기업이 등장했다. 동국대학교 산학협력단이 만든 한국카쉐어링이 그 주인공. 한국카쉐어링은 LIG손해보험과 MOU를 체결하고 카쉐어링 전용 자동차 보험을 개발하는 등 본격적인 자동차 공유 서비스를 준비하고 있다. 이제 국내에서도 언제든지 필요할 때마다 시간 단위로 차를 대여하는 본격적인 카쉐어링 서비스를 이용하는 사람들이 늘어날 것으로 보인다.

집카의 주요 특징

1. 언제, 어디서든 필요할 때 원하는 차량을 시간 단위로 빌릴 수 있음
2. 스마트폰을 통해 가장 가까운 곳에 위치한 차를 편리하게 이용 가능
3. 자동차를 소유하는 데 드는 비용 절감, 환경보호

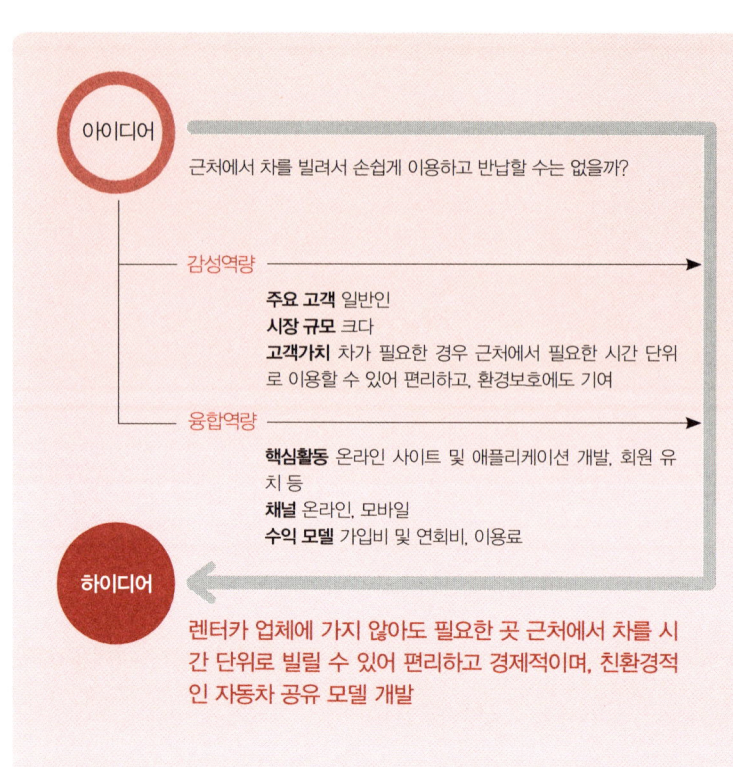

아이디어

근처에서 차를 빌려서 손쉽게 이용하고 반납할 수는 없을까?

감성역량

주요 고객 일반인
시장 규모 크다
고객가치 차가 필요한 경우 근처에서 필요한 시간 단위로 이용할 수 있어 편리하고, 환경보호에도 기여

융합역량

핵심활동 온라인 사이트 및 애플리케이션 개발, 회원 유치 등
채널 온라인, 모바일
수익 모델 가입비 및 연회비, 이용료

하이디어

렌터카 업체에 가지 않아도 필요한 곳 근처에서 차를 시간 단위로 빌릴 수 있어 편리하고 경제적이며, 친환경적인 자동차 공유 모델 개발

03

창업부터
수성守城까지
타의 추종을
불허하는
유연한 공룡,

'창조적 파괴creative destruction'란 미국 경제학자인 조지프 슘페터가 주창한 개념이다. 그는 '끊임없는 혁신을 통해 이윤을 창출한다'는 창조적 파괴를 통해 관성적으로 이어져온 낡은 사고방식과 경영방식에 대해 문제를 제기했다.

급박하게 변화하는 스마트 시대, 창조적 파괴는 성공하는 기업의 필요조건이 되었다. 만약 나에게 창조적 파괴에 가장 잘 어울리는 하이디어 모델을 꼽으라면 1초도 망설이지 않고 온라인 비디오 스트리밍 서비스 업체인 넷플릭스를 추천하고 싶다.

창업자인 보스턴 출신의 리드 해이스팅스는 가족들이 대여한 비디오를 6주나 연체하는 바람에 연체료로 40달러를 낸 적이 있다고 한다. 보통 사람 같으면 "에이, 다음부턴 안 빌려 봐야지!" 하거나 "다음부터는 보고 꼭 바로 반납해야지!" 하고 말았을 것이다. 하지만 그는 '연체료를 물지 않고 비디오를 빌려볼 수는 없을까?' 하는 고민에 빠졌고, 그 결과 매달 일정 금액을 지불하면 연체료 없이 집으로 비디오를 보내주는 사업 아이디어를 구상했다. 그리고 1997년, '회원제 비디오 우편 대여 사업'이라는 당시 획기적인 하이디어 모델을 지향하는 넷플릭스를 설립했다.

굳이 대여점에 가지 않아도 월 회원으로 가입만 하면 보고 싶은 영화 DVD를 우편으로 배달해주고, 연체료 걱정 없이 마음껏 볼 수 있으니 고객 입장에선 무척 편리하다. 그러다 인터넷이 대중화되자 이에 유연하게 적응해 기존 사업은 유지하면서, 온라인 비디오 스트리밍 서비스를 핵심 서비스로 내세우게 된다.

비즈니스 모델을 연구하는 학자들은 대부분 비즈니스 모델의 특징을 '플로우FLOW'라고 말한다. 즉 '흘러간다'는 것이다. 비즈니스 모델은 한 번 만들었다고 끝나는 것이 아니라 시대의 변화에 맞게 계속해서 수정하고 보완하는 작업이 필요하다는 의미로, '창조적 파괴'와 일맥상통한다. 넷플릭스는 시대의 변화에 맞게 업의 본질을 이해하고 채널을 기존의 우편 서비스에서 온라인으로 수정해 변화에 성공적으로 적응했다. 넷플릭스는 창립 1년 만에 100만 명의 회원을 확보하며 빠르게 성장했으며, 2011년 7월 말 2,500만 명의 가입자를 확보했다.

넷플릭스에 가입만 하면 미국 내 드라마와 영화들을 온라인으로 마음

껏 볼 수 있다. 또한 일반 TV, 아이패드, 아이폰, 윈도폰7 등 100여 개가 넘는 디바이스를 넘나들며 제약 없이 시청 가능한 'N스크린'을 지원한다. 이 모든 것이 월 7.99달러에 가능하다. 요즘 미국에서 구입할 수 있는 웬만한 TV나 DVD 플레이어, 게임기는 모두 인터넷 연결 기능이 있고, 넷플릭스 온라인 스트리밍 기능을 보유하고 있다. 그러다보니 미국 인터넷 트래픽 중 25% 가량이 넷플릭스 때문에 발생하는 것으로 파악될 정도로 높은 인기몰이 중이다.

넷플릭스의 또 하나의 경쟁력은 회원들이 매기는 평가 및 추천 시스템이다. 넷플릭스의 회원들은 평균 200편의 영화를 평가하고 있으며, 회원들의 평점이 50억 건 넘게 누적돼 있다. 평균 60%에 달하는 넷플릭스 회원들이 이를 바탕으로 한 '시네 매치'라는 영화 추천 서비스를 통해 자신이 볼 영화를 결정한다고 한다. 그 결과 다른 경쟁업체들이 따라갈 수 없는 정교한 영화 플랫폼을 보유하게 된 것이다.

넷플릭스의 주요 특징

1. 월정액 기반으로 연체료 걱정 없이 원하는 영화를 마음껏 감상
2. 정교한 추천 및 평가 시스템을 통해 내 취향의 영화를 선택하기 편리함
3. 다양한 디바이스와 완벽한 'N스크린' 지원

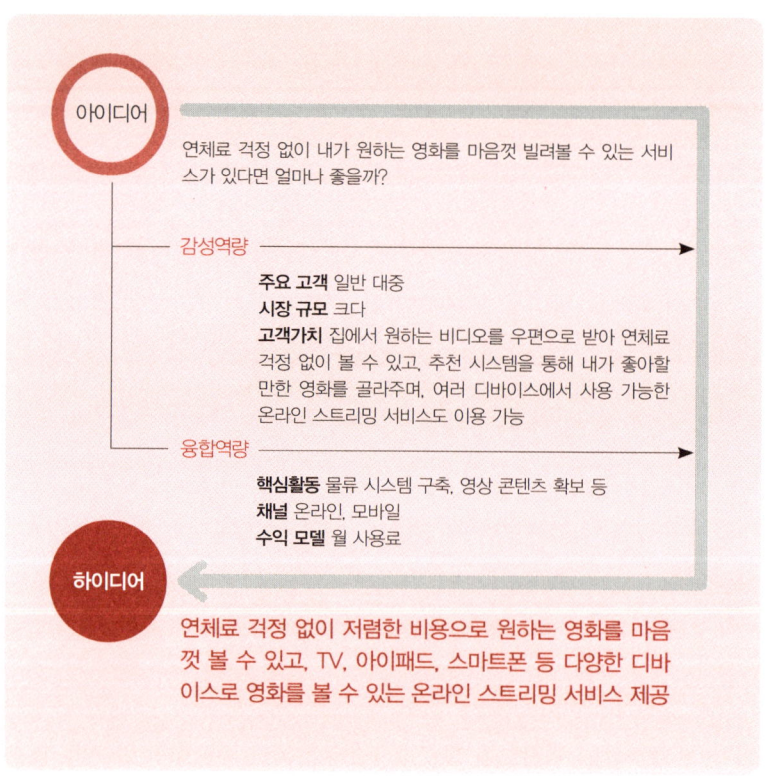

아이디어

연체료 걱정 없이 내가 원하는 영화를 마음껏 빌려볼 수 있는 서비스가 있다면 얼마나 좋을까?

감성역량

주요 고객 일반 대중
시장 규모 크다
고객가치 집에서 원하는 비디오를 우편으로 받아 연체료 걱정 없이 볼 수 있고, 추천 시스템을 통해 내가 좋아할 만한 영화를 골라주며, 여러 디바이스에서 사용 가능한 온라인 스트리밍 서비스도 이용 가능

융합역량

핵심활동 물류 시스템 구축, 영상 콘텐츠 확보 등
채널 온라인, 모바일
수익 모델 월 사용료

하이디어

연체료 걱정 없이 저렴한 비용으로 원하는 영화를 마음껏 볼 수 있고, TV, 아이패드, 스마트폰 등 다양한 디바이스로 영화를 볼 수 있는 온라인 스트리밍 서비스 제공

04

검증된 지식과
전문가 인맥을
함께
얻는다,

쿠오라
www.quora.com

"지식이 과연 돈이 될 수 있을까?" 지난 10년 간 많은
사람들이 고민해온 문제다. 법률이나 주식, 부동산
등 돈과 직접적으로 관련 있는 지식은 분명히 일정 규
모의 시장이 존재한다. 학위를 주는 대학이나 대학원
도 물론 지식 사업의 중요한 플레이어다. 그러나 당장
돈이 되지 않는 생활형 지식은 필요성은 존재하지만,
기꺼이 비용까지 지불할 사람은 많지 않다.

지난 2002년 혜성처럼 등장한 '네이버 지식iN'은 한
국 인터넷 서비스 역사에 길이 남을 작품이다. 하지만
불특정 다수가 보는 게시판에 질문을 올리면 누군지

도 모르는 사람이 답변해주는 구조는 스마트하다고 할 수 없다. 진위 여부를 판단하기 힘들고, 전문성이 부족하기 때문이다. 만약 이러한 단점을 개선시킨 서비스가 나온다면 어떨까? '소셜 Q&A 서비스'를 지향하는 쿠오라가 그 대안을 내놓았다.

쿠오라는 철저하게 페이스북이나 트위터 등 소셜미디어의 평판 네트워크를 기반으로 주제 중심, 전문 지식 중심의 대화 플랫폼을 지향하는 하이디어 모델을 구축해 화제를 모았다. 네이버 지식iN 모델에 부족한 '신뢰도'와 '평판'을 높이고, 트위터의 실시간성과 확장성을 활용해 '적시성'을 추구했다. 또한 위키피디아와 같은 집단지성의 자발적 동기와 자정능력을 이용해 지식의 '진정성'을 확보하는 말 그대로 '지식인의 올스타 팀'을 만든 것이다.

쿠오라의 또 다른 강점은 앞서 언급한 대로 '주제 중심의 질문을 추구하는 서비스'라는 것이다. 사람뿐 아니라 주제, 분야나 질문을 팔로우할 수 있으며, 각각의 주제나 질문은 트위터나 웹상에 고유의 주소를 가지게 되어 사람들은 이를 통해 해답도 찾고 전문적인 인맥네트워크도 형성할 수 있다. 즉 각 분야 전문가나 유명 기업인들이 직접 자신들의 서비스나 회사에 대한 질문에 답변을 달고, 다른 전문가들에 의해 검증되거나 오류가 수정되어 양질의 지식을 얻게 된다. 그뿐 아니라 질문한 사람과 답변한 사람, 그 질문을 팔로잉한 사람 모두 자신의 인맥으로 끌어올 수 있는 구조로, 같은 주제에 관심이 있는 많은 사람들을 새로 사귈 수 있다.

쿠오라의 주요 특징

1. 소셜미디어를 통해 답변자의 신뢰도와 평판을 미리 알 수 있음
2. 질문이 아닌 주제 중심, 전문 지식 중심의 대화 플랫폼 운영
3. 질문자, 답변자, 그리고 이들의 지인들과 인맥을 넓힐 수 있음

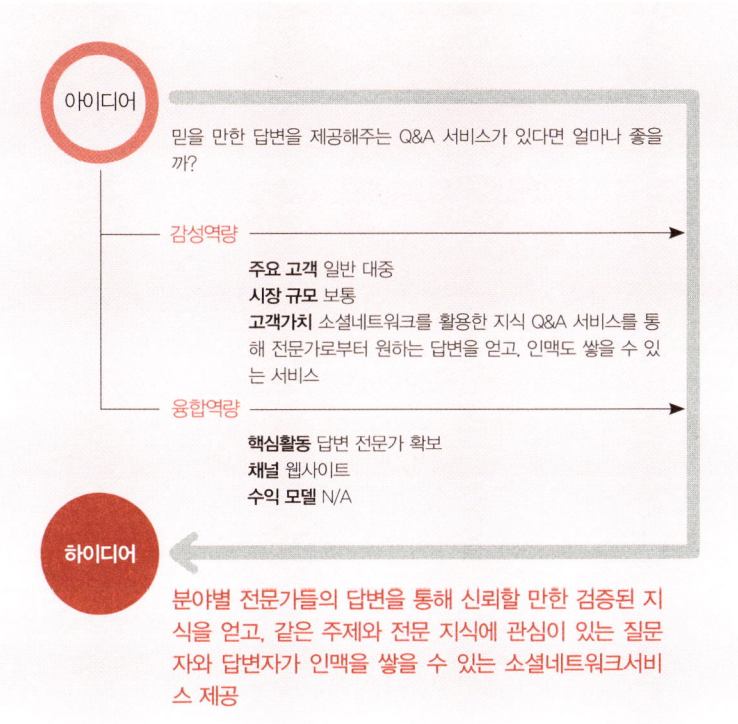

아이디어

믿을 만한 답변을 제공해주는 Q&A 서비스가 있다면 얼마나 좋을 까?

감성역량

주요 고객 일반 대중
시장 규모 보통
고객가치 소셜네트워크를 활용한 지식 Q&A 서비스를 통해 전문가로부터 원하는 답변을 얻고, 인맥도 쌓을 수 있는 서비스

융합역량

핵심활동 답변 전문가 확보
채널 웹사이트
수익 모델 N/A

하이디어

분야별 전문가들의 답변을 통해 신뢰할 만한 검증된 지식을 얻고, 같은 주제와 전문 지식에 관심이 있는 질문자와 답변자가 인맥을 쌓을 수 있는 소셜네트워크서비스 제공

05
호주머니에서
새는
돈을
막아주는
똑똑한 친구,

빌쉬링크
www.billshrink.
com

내 차는 10년 전에 산 하늘색 SM3다. 그렇지만 아직 6만km도 안 뛰었을 정도로 쌩쌩해서 바꾸기도 좀 애매하다. 지난 10년 동안 잔고장 한 번 없었으니 나로서는 엄청 고마운 친구다. 하지만 문제는 기름값이다. 요즘 휘발유값이 리터당 2,000원을 넘어서면서 차를 몰고 어디 가기가 겁날 정도다. 그래서 요즘 하이브리드카를 알아보는 중인데 이번에는 차값이 엄두가 안 나 포기해야 할 것 같다.

기름값뿐 아니라 통신비도 만만치 않게 나간다. 스마트폰을 쓰는 사람은 최소 월 5만 원은 기본으로 내야 하고, 여기에 인터넷, 유선전화, 3G 태블릿PC 요금 등을 합치면 무시 못 할 액수다. 특히 이동통신 요금제도는 보기만 해도 눈이 뱅글뱅글 돌 정도로 너무 복잡해서 쳐다보기도 싫은 게 현실이다.

이럴 때면 조금이라도 기름값이 싼 주유소가 어디 있는지 누가 귀띔이라도 해준다면, 조금이라도 통신비용을 줄일 수 있는 방법을 누가 알려준다면 얼마나 좋을까 하는 생각을 누구나 한번쯤 해본 적 있을 것이다. 만약 실제로 그런 서비스를 제공하는 곳이 있다면 너 나 할 것 없이 도움을 받지 않을까?

빌쉬링크는 바로 이런 소비자들의 애절한 마음을 기가 막히게 알아차리고 적절한 솔루션을 제공하고 있다. 이곳에서는 소비자의 휴대폰 요금, 신용카드 사용 현황, 케이블, 위성방송 등 TV 서비스, 자동차 주유 등의 이용내역을 분석해 회원의 소비패턴별로 최적의 대안을 제시하는 서비스를 제공한다.

예를 들어 이동통신 서비스의 경우 먼저 월 이용료, 총 통화시간, 문자메시지 사용 건수 등 평소 사용습관에 대한 간단한 정보를 입력한다. 그러면 이에 대한 분석을 통해 자신의 통화패턴에 맞는 저렴한 요금제도를 추천하고 이를 통해 2년간 절약할 수 있는 총 절약금액을 표시해준다. 만약 2년 약정계약을 맺었다 하더라도 조기 계약 파기에 따른 벌금과 더 좋은 프로그램을 통한 이익을 계산해 이익이 크면 현재의 프로그램을 유지하지 말고 다른 서비스를 찾아보도록 조언하고 있다.

은행에서 판매하는 다양한 금융상품에 대해서도 마찬가지다. 미 전역 54개 은행 및 저축은행의 예금계좌에 대한 정보를 담고 있어 온라인 지

급 수수료를 포함한 예금계좌의 모든 것을 얻을 수 있다. 주유소의 경우도 주변의 가장 싼 주유소를 주소 및 지도와 함께 소개해 발품을 팔 일 없이 편리하게 정보를 얻는다.

실제 빌쉬링크 사이트에는 이 사이트를 통해 월 40달러를 절약할 수 있었다는 회원의 후기부터 다양하고 생생한 체험기가 올라와 있다.

그렇다면 빌쉬링크는 어떻게 수익을 창출하는 것일까? 사용자가 빌쉬링크에서 제공한 정보를 통해 새로운 이동통신사나 신용카드로 갈아타면 해당 회사로부터 중개 수수료를 받아 수익을 거두고 있다.

빌쉬링크의 주요 특징

1. 평소 쓰는 돈을 절약할 수 있는 가이드라인 제시
2. 나의 소비패턴에 대한 간단한 정보만 입력해도 이에 따른 최적의 상품과 서비스 추천
3. 회원은 무료로 이용, 수익은 기업으로부터 받는 중개수수료로 창출

아이디어

생활비를 좀 더 효율적으로 쓰는 방법을 알려주는 서비스가 있다면?

감성역량

주요 고객 일반 대중
시장 규모 크다
고객가치 휴대폰 요금, 신용카드 사용 현황, 자동차 주유 이용 등 내 소비패턴에 맞는 최적의 대안을 얻을 수 있음

융합역량

핵심활동 요금 분석 프로그램 및 개인별 추천 알고리즘 개발
채널 웹사이트
수익 모델 중개수수료

하이디어

개인별 소비패턴을 분석해 스마트한 소비를 할 수 있는 정보를 무료로 제공하고, 거래가 성사되면 기업으로부터 중개수수료를 받아 수익 창출

06

나의
뿌리를
찾아주는 곳,

앤시스트리
www.ancestry.com

1983년 설립된 앤시스트리는 개인의 뿌리를 찾아주는 일종의 '족보 찾기 서비스'를 제공하고 있다. 현재까지 60억 건이 넘는 가족 관련 정보를 DB로 구축하고 있으며 2,400만 건의 가계도를 보유하고 있다. 특히 이민자가 많은 미국의 특성상 세계 각지에서 온 조상들의 뿌리를 찾을 수 있다는 점에서 각광받고 있다. 세계화로 미국과 유럽에 다양한 인종과 민족이 공존하는 가운데, 앤시스트리는 조상을 찾고 족보를 만들면서 가족 간의 애정을 더욱 공고히 하고 자아에 대해 새롭게 생각해볼 수 있는 기회를 제공해준다.

엔시스트리는 오바마 미국 대통령과 워렛 버핏이 먼 친척 사이라는 흥미로운 사실을 밝혀내 주목받기도 했다. 오바마와 버핏은 둘 다 17세기 프랑스인 마렌 뒤발의 자손으로, 1650년대 프랑스에서 미국 메릴랜드로 이주한 뒤발 씨는 오바마 대통령의 11대조이면서 버핏의 8대조이기도 하다. 인종은 다르지만 세계 최고의 권력을 가진 미국 대통령과 전 세계를 주름잡는 경제 대통령, 막강한 후손을 둔 뒤발 씨는 하늘에서 흐뭇하게 웃고 있지 않을까.

엔시스트리는 또한 성姓에 관련된 역사적 진실에 대해 알려주며, 가족 앨범 제작, DNA 테스트 등 다양한 서비스를 제공한다. 수익 모델은 연간 회원가입비로, 미국 내 서비스는 월 12.95달러, 미국 외 지역까지 포함하려면 월 24.95달러를 내면 된다. 이외에도 DNA 테스트 시 부모 모두 검사한다면 328~358달러 정도의 비용을 지불해야 한다. 유료 회원은 무려 170만 명에 달한다.

엔시스트리는 직원만 795명이 넘는 규모 있는 회사로 2009년 기업공개IPO를 통해 시가총액 12억 달러, 2010년 매출 3억 7,800만 달러를 기록했다.

앤시스트리의 주요 특징

1. 방대한 가족 관련 DB를 통해 회원들의 뿌리를 찾아주는 서비스 제공
2. 가입비는 물론 앨범 제작, DNA 테스트 등 다양한 수익 모델 보유

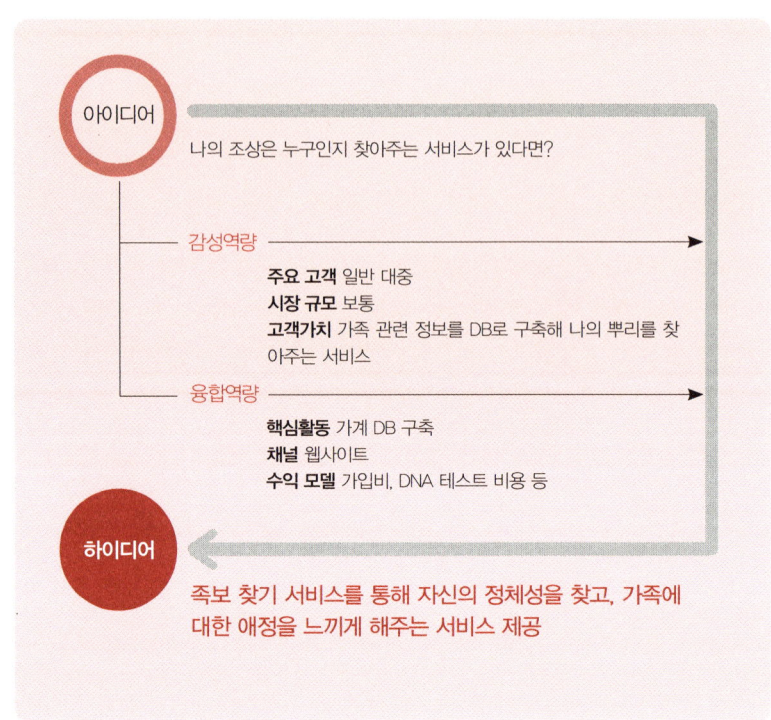

아이디어

나의 조상은 누구인지 찾아주는 서비스가 있다면?

감성역량

주요 고객 일반 대중
시장 규모 보통
고객가치 가족 관련 정보를 DB로 구축해 나의 뿌리를 찾아주는 서비스

융합역량

핵심활동 가계 DB 구축
채널 웹사이트
수익 모델 가입비, DNA 테스트 비용 등

하이디어

족보 찾기 서비스를 통해 자신의 정체성을 찾고, 가족에 대한 애정을 느끼게 해주는 서비스 제공

07
나는
어떤 병을
앓게 될까?

23앤미
www.23andme.
com

1997년 사회생활을 막 시작할 무렵 〈가타카〉라는 영화를 재미있게 본 기억이 있다. 에단 호크와 우마 서먼이 주인공을 맡은 이 영화는 아기가 태어나면 유전자 정보를 분석해 우성인자와 열성인자로 구분하는 미래 세상을 그린다. 영화 주인공은 우주비행사가 되고 싶었으나 DNA 분석 결과 열성으로 나오는 바람에 꿈을 펼칠 수 없자, 가짜 증명서를 파는 DNA 중개인을 만나 다른 사람의 유전자와 결합해 꿈을 이룬다. 당시엔 대단히 충격적인 영화였지만, 어쩌면 가까운 시일 내 이런 일이 가능할지도 모른다는 생각을 했다. 사람의 유전자 안에 그 사람이 미래에 겪게 될 다양한 질병 정보가 숨겨져 있다는 사실을 안 것은 영화를 보고 난 한참 후였다.

주변에 암 때문에 고생하는 분이 여럿 계시다. 증상에 따라 다르겠지만, 의료기술의 발달로 요즘은 암에 걸려도 일찍 발견할 경우 완쾌할 확률이 많이 높아졌다고 한다. 물론 환자의 의지와 노력도 중요하지만 말이다. 만약 영화 〈가타카〉처럼 미리 내 유전자를 분석할 수 있는 세상이 온다면 어떻게 될까? 유전자 분석을 해보니 40대 후반에 후두암이 발생할 확률이 높다는 진단이 나온다면, 지금처럼 숨쉬기 운동으로만 그치지 않고 지속적인 운동을 하고 식습관을 개선해 암 발병률을 낮출 수 있을 것이다. 지금도 유전자 정보 분석을 의뢰할 수는 있지만, 가격도 너무 비싸고 절차도 복잡해 대중화되지는 못했다.

하지만 미국에서는 저렴한 가격에 개인의 유전자 정보를 분석해주는 서비스를 제공해 인기를 끄는 회사들이 여럿 나타났다. 그중 구글 창업자인 세르게이 브린이 390만 달러를 투자한 스타트업인 23앤미가 가장 많은 관심을 받고 있다.

〈타임〉지가 선정한 '2008년 올해의 발명' 중 하나로 뽑히기도 한 23앤미는 50만 개의 게놈을 분석할 수 있는 프로그램을 개발해 고객들이 다이어트, 습관, 성격 등과 연관된 자신의 유전적 특성을 이해하고 이를 친구나 가족들의 유전자와 비교하는 서비스를 제공한다. 회사명 '23앤미'는 인간이 23쌍의 염색체를 갖고 있는 데서 따왔다.

고객은 직접 자신의 생체정보 분석을 의뢰할 수 있으며, 분석 절차도 매우 간단하다. 검사를 위해 병원에 갈 필요조차 없다. 가입자가 웹사이트에서 신청을 한 후 우편으로 샘플 컬렉션 키트를 받아 자신의 타액 샘플을 담아 보내면 4~6주 뒤 23앤미 홈페이지에서 그 결과를 확인할 수 있다. 이를 통해 기본적인 유전적 특징과 조상, 개인의 질병 위험도를 알 수 있는데, 암, 알츠하이머, 당뇨 등으로 발전할지에 대한 정보는 제공하지 않지만 전문가의 도움을 받아 기본 검진을 받을 수 있다.

23앤미의 주요 테스트는 유전자 테스트와 건강·유전형질 테스트다. 유전자 테스트란 DNA 검사를 통해 자신의 조상을 찾는 것이고, 건강·유전형질 테스트란 유전자에 대한 기본 정보와 자신의 유전자가 자신의 건강에 어떤 영향을 미치고 있는지에 대해 알 수 있는 검사다. 116가지 유전 형질과 당뇨, 유방암, 심장병, 파킨슨병 등 질병에 대한 검사가 가능하지만, 의료 진단을 내릴 수는 없다.

설립 당시에는 999달러를 내야 이용할 수 있었지만, 현재는 가입비 99달러를 지불하고 매달 9달러를 내는 월정액 서비스와 가입비 99달러, 연회비 108달러를 내는 연회원제 서비스로 구성돼 있다. 현재 23앤미는 8만여 명의 유전 정보와 설문 정보를 보유하고 있으며, 약 1만여 명이 설문에 응답하고 있다고 밝혔다.

23앤미의 강점은 사실 DNA 검사 자체가 아니라 8만여 명에 달하는 고객 데이터다. 만약 축적된 고객의 질병 정보를 구글의 강점인 강력한 검색엔진과 결합시켜 분석한다면 구글이 의료분야에서 소위 대박을 터뜨릴 가능성이 매우 높다.

23앤미는 이러한 유전자 정보를 바탕으로, 세상에 단 하나밖에 없는 개인 맞춤형 약품을 생산할 계획을 세우고 있다. 그런가 하면 현재 나와 비슷한 유전자를 가진 이용자들끼리 소통할 수 있는 소셜네트워크서비스도 제공하고 있다.

현재 우리나라에서는 '생명윤리 및 안전에 관한 법률'에 따라 질병 관련 유전자 검사는 의료기관에서 직접 하거나 의뢰를 받은 기관에서만 할 수 있도록 제한하고 있다. 그렇기에 23앤미와 같은 사업 모델이 나오기는 당분간 어려울 것으로 보인다. 하지만 이 모델에서 힌트를 얻어 유사한 다른 분야로 발전시키는 것은 충분히 가능하다. 예를 들어 같은 질병을 앓고 있는 사람들이 최신 정보를 교환하고 서로 힘이 돼줄 수 있는 소셜네트워크 사이트를 개설하거나, 의사가 특정 질병에 특화된 소셜미디어 그룹을 활용하여 연구 논문에 필요한 설문조사를 실시할 수 있을 것이다.

23앤미의 주요 특징

1. 저렴한 가격으로 편리하게 유전자 정보와 질병에 대한 정보를 제공
2. 같은 결과를 받은 사람들끼리 소셜네트워크를 구축할 수 있는 공간 제공
3. 8만 명에 달하는 고객 데이터를 분석해 질병치료에 대한 해법은 물론, 의료 비즈니스에 활용 가능

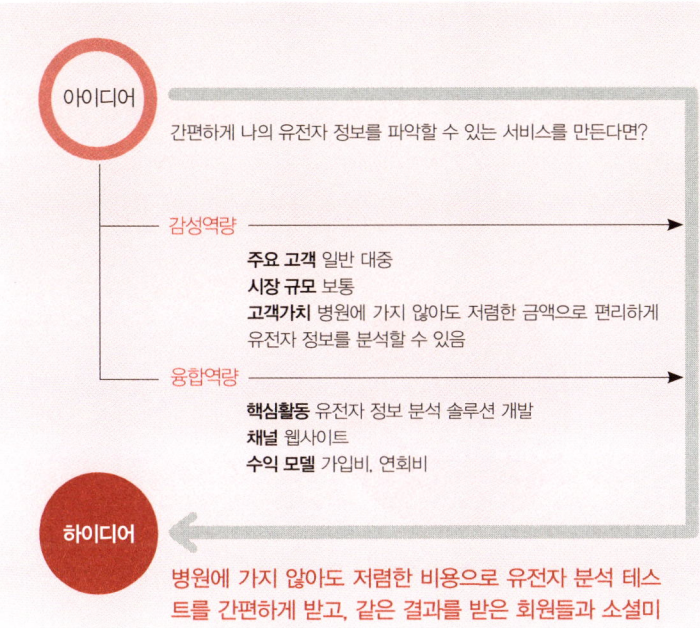

아이디어

간편하게 나의 유전자 정보를 파악할 수 있는 서비스를 만든다면?

감성역량

주요 고객 일반 대중
시장 규모 보통
고객가치 병원에 가지 않아도 저렴한 금액으로 편리하게
유전자 정보를 분석할 수 있음

융합역량

핵심활동 유전자 정보 분석 솔루션 개발
채널 웹사이트
수익 모델 가입비, 연회비

하이디어

병원에 가지 않아도 저렴한 비용으로 유전자 분석 테스트를 간편하게 받고, 같은 결과를 받은 회원들과 소셜미디어를 통해 소통할 수 있는 서비스 제공

08
이제는
다이어트도
경쟁 시대!
다이어트 전쟁터,

씬토피아
www.thintopia.
com

남녀노소, 동서양을 막론하고 초유의 관심사로 떠오른 다이어트. 누구나 다이어트를 해서 건강한 몸매를 가꾸고 싶어 하지만 녹록지 않은 게 현실이다. 다이어트를 시작하려고 하면 술 마실 일이 생기고, 꼭 참석해야 하는 모임이 잡히고… '내일부터 하면 되지!' 하다가 결국 포기하게 되는 경우도 다반사다. 독한 마음을 먹고 비싼 헬스클럽 회원권을 사도 초반에만 잠깐 나가고 곧 흐지부지되는 경우가 많다.

이렇게 꾸준한 다이어트가 어려운 이유는 무엇일까? 여러 가지가 있겠지만, 그중 하나는 바로 혼자만

씬토피아 홈페이지

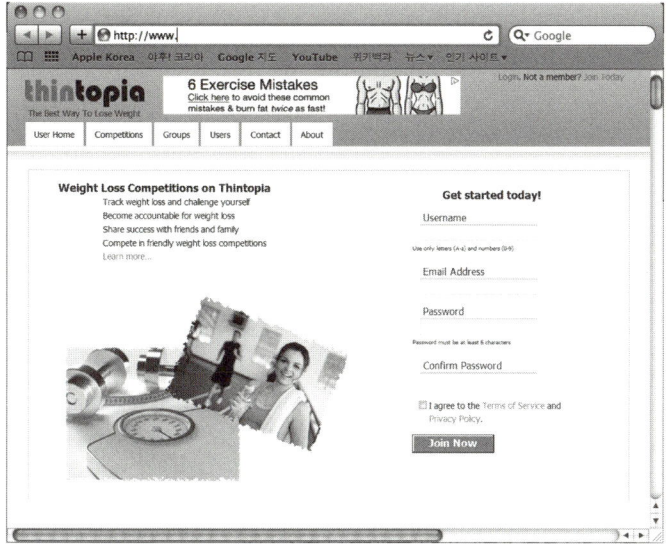

의 약속이기 때문이다. 주변 사람들에게 '나 다이어트 한다'고 선언해도 구속력이 없으니 혼잣말이나 다름없다. 이런 다이어트에 구속 조건이 주어진다면 좀 더 효과적인 감량이 가능하지 않을까?

내가 모르는 누군가와, 또는 나를 아는 지인과 함께 온라인에서 다이어트 경쟁을 하고 이긴 사람이 상금을 타는 하이디어 모델을 선보이는 곳이 바로 씬토피아다. 미국 NBC 방송의 히트작인 〈도전! FAT제로〉를 벤치마킹해 탄생한 씬토피아는 경쟁이라는 채찍과 상금이라는 당근으로, 쉽게 허물어지기 쉬운 다이어트 결심을 확고하게 만들어 성공률을 높이고 있다.

씬토피아는 지인끼리 혹은 온라인에서 만난 사람끼리 그룹을 설정하고 같은 그룹에 있는 회원들끼리 선의의 경쟁을 하면서 살을 **빼**는 재미 있는 게임의 법칙으로 운영된다. 기간, 규칙, 벌칙, 상금에 관한 것은 처음에 그룹을 만든 방장이 정할 수 있으며, 보통은 참가 회원들이 그룹에 가입할 때 일정한 돈을 낸 다음 정해진 기간 동안 몸무게를 가장 많이 감량한 회원에게 돈을 몰아주는 형식으로 진행된다.

또 다른 강점은 커뮤니티다. 흔히 찾아볼 수 있는 다이어트에 관한 비법이나 지식을 공유하는 커뮤니티가 아니라 함께 살을 **빼**며 서로의 다이어트를 도와주는 커뮤니티로, 학교 사람들끼리, 가족끼리, 친구들끼리, 직장 동료끼리, 혹은 모르는 사람들끼리 서로 다이어트를 하는 데 도움을 줄 수 있는 것이 특징이다.

또한 다이어트 성과를 한눈에 볼 수 있게 하기 위해 날짜를 x축으로, 몸무게의 퍼센트 변화를 y축으로 한 그래프를 제공, 회원이 자신의 몸무게를 하루하루 입력하면서 그래프를 통해 몸무게의 변화를 관찰할 수 있다.

혼자 하기 힘들고 고달픈 다이어트에 '경쟁'이라는 컨셉을 도입해 확실한 동기부여를 해준 씬토피아는 반복되는 다이어트 실패에 지친 사람들에게 든든한 동반자가 되어주고 있다.

씬토피아의 주요 특징

1. 힘들고 고달픈 다이어트에 '온라인을 통한 경쟁'이라는 게임의 법칙을 적용, 체중감량에 대한 자극 및 동기부여
2. 일정 기간 동안 가장 많이 감량한 사람에게 상금을 몰아주는 등의 혜택 제공
3. 그래프를 통해 한눈에 자신의 몸무게 변화를 관찰할 수 있음

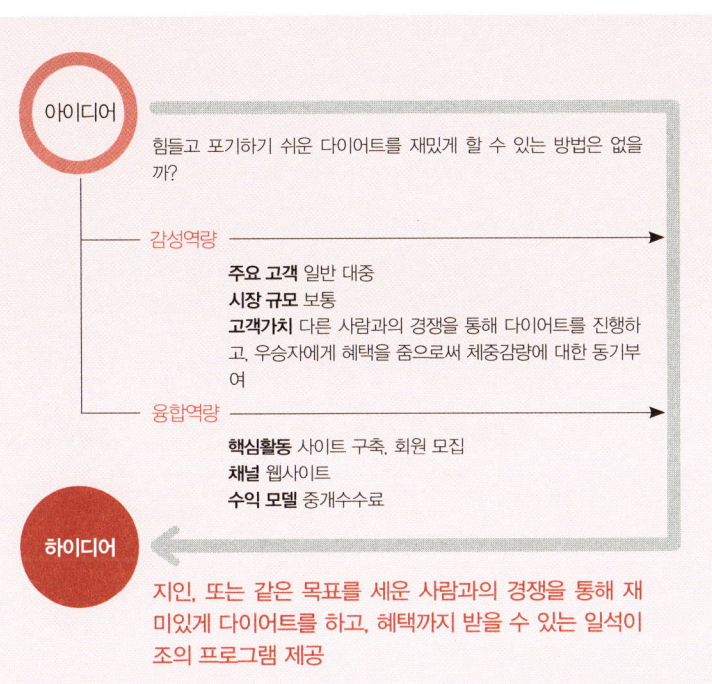

아이디어

힘들고 포기하기 쉬운 다이어트를 재밌게 할 수 있는 방법은 없을까?

감성역량

주요 고객 일반 대중
시장 규모 보통
고객가치 다른 사람과의 경쟁을 통해 다이어트를 진행하고, 우승자에게 혜택을 줌으로써 체중감량에 대한 동기부여

융합역량

핵심활동 사이트 구축, 회원 모집
채널 웹사이트
수익 모델 중개수수료

하이디어

지인, 또는 같은 목표를 세운 사람과의 경쟁을 통해 재미있게 다이어트를 하고, 혜택까지 받을 수 있는 일석이조의 프로그램 제공

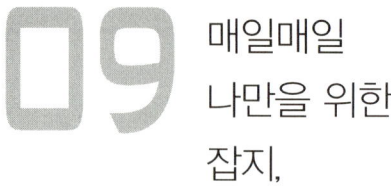

09

매일매일
나만을 위한
잡지,

플립보드
www.flipboard.
com

2010년 4월, 일본에서 〈솔직하지 못해서〉라는 청춘
드라마가 방영됐다. 이 드라마는 〈노다메 칸타빌레〉
로 한국에서도 인기가 높은 에이타, 우에노 주리와
JYJ 멤버인 영웅재중 등 톱스타들이 출연해 주목을
받았다. 이 드라마가 눈길을 끈 또 하나의 요인은 '트
위터'를 소재로 다뤘다는 점이다.

이 드라마는 트위터를 통해 만난 5명의 남녀가 취
업난, 직장생활의 고충, 동성애, 생활고 등 20대가 가
진 고민을 헤쳐가는 모습을 생생하게 그려내 호평을
받았다. 소셜미디어인 트위터가 드라마 소재로 다뤄

질 정도로 열기가 대단할 뿐 아니라, 우리 생활에 깊숙이 침투했다는 사실을 알 수 있다.

이러한 소셜미디어를 활용한 다양한 비즈니스 모델이 등장하는 가운데, 소셜미디어에 올라오는 콘텐츠를 잡지 형태로 구성해 아이패드와 같은 태블릿PC는 물론 아이폰으로도 보여주는 '소셜 매거진'이 인기를 얻고 있다. 2010년 7월 출시된 플립보드는 스스로를 소셜 매거진이라 부른다. 콘텐츠 생산과 편집 방식이 색다르기 때문이다. 전문 기자가 아닌 트위터와 페이스북 지인들이 작성하고 추천한 글, 사진, 동영상을 자동으로 구현하여 마치 잡지를 보는 듯한 느낌을 제공한다. 나의 소셜미디어 지인들이 플립보드 매거진의 기자이자 외부 기고가인 셈이다.

제공되는 콘텐츠가 지인들이 추천하는 '프렌드캐스트friendcast' 형식으로 구성되기 때문에 콘텐츠에 대한 신뢰도가 높은 편이다. 그리고 일반적인 매거진의 경우 내가 관심 있는 분야의 자료도 있지만 그렇지 않은 자료도 많은 데다 업데이트 속도도 느리다. 하지만 플립보드는 실시간 업데이트되어 언제나 따끈따끈한 정보를 받아볼 수 있고, 내가 관심 있는 매체 또는 지인의 콘텐츠만 소비할 수 있어 편리하다. 또한 〈뉴욕타임스〉, 〈와이어드〉, 〈이코노미스트〉 등 유력 매체는 물론 〈매셔블〉, 〈테크크런치〉 등 유명 IT 전문 블로그도 구독할 수 있다. 물론 저작권 때문에 기사전문을 볼 수는 없지만 짧은 요약글과 함께 터치 한 번에 원문 페이지로 이동할 수 있게 만들었다.

기존 아이패드만 지원하던 플립보드가 2011년 12월 아이폰용 애플리케이션을 출시하자, 1주일 만에 100만 명이 다운로드할 정도로 폭발적인

인기를 얻었다. 전체 플립보드 이용자는 500만 명을 넘어선 것으로 추산
된다.

의 주요 특징

1. 소셜미디어에 올라오는 콘텐츠를 잡지 형태로 보여주는 소셜 매거진
2. 지인들이 콘텐츠를 추천하는 프렌드캐스팅 방식 적용
3. 관심 있는 분야의 콘텐츠를 골라 볼 수 있음

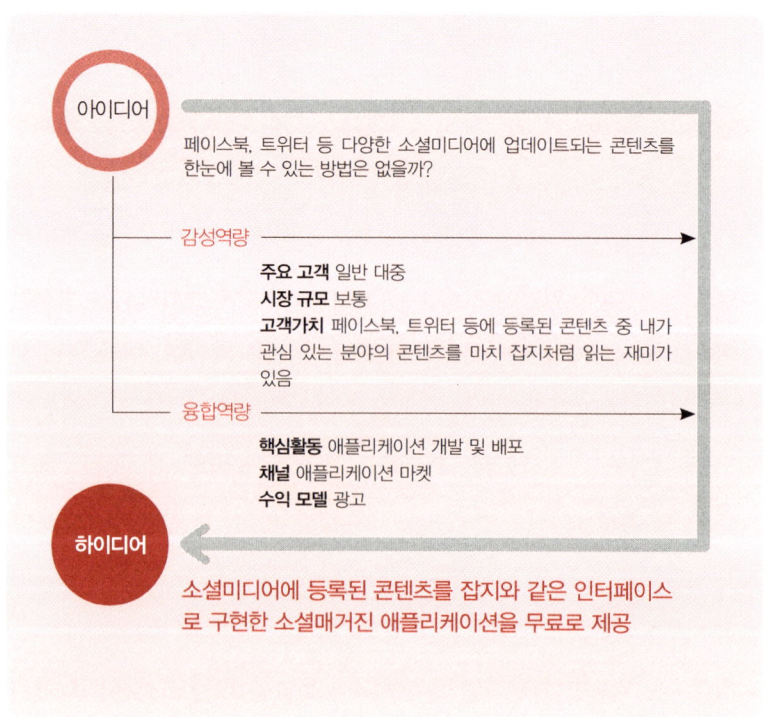

아이디어

페이스북, 트위터 등 다양한 소셜미디어에 업데이트되는 콘텐츠를
한눈에 볼 수 있는 방법은 없을까?

감성역량

주요 고객 일반 대중
시장 규모 보통
고객가치 페이스북, 트위터 등에 등록된 콘텐츠 중 내가
관심 있는 분야의 콘텐츠를 마치 잡지처럼 읽는 재미가
있음

융합역량

핵심활동 애플리케이션 개발 및 배포
채널 애플리케이션 마켓
수익 모델 광고

하이디어

소셜미디어에 등록된 콘텐츠를 잡지와 같은 인터페이스
로 구현한 소셜매거진 애플리케이션을 무료로 제공

10

크라우드소싱을
통해
아이디어를
상용화하는 공간,

퀄키
www.quirky.com

퀄키는 5만 7,000명에 달하는 회원들을 활용한 '크
라우드소싱'을 통해 제품을 개발하고 이를 상용화해
판매하는 하이디어 모델을 구사하고 있다. 아이디어
에서부터 디자인, 네이밍, 제조, 마케팅 및 판매까지
전 과정을 크라우드소싱을 통해 진행하는 점이 특징
이다. 본래 크라우드소싱이란 군중crowd과 아웃소싱
outsourcing의 합성어로, 기업 외부의 인물들이 참여해
제품을 개발하는 것을 일컫는 말이다. 퀄키는 이러한
'외부'의 개념을 한 차원 업그레이드한 것이다.

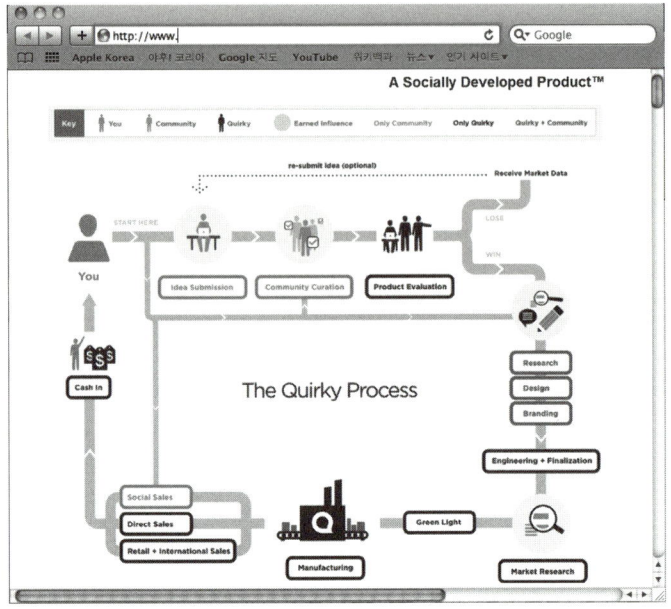

 게임의 법칙도 독특하다. 퀄키에서는 매주 2개의 아이디어를 받고 있는데 하나는 주제와 상관없는 아이디어, 나머지 하나는 사이트에서 제안하는 특정 주제에 대한 아이디어를 제시해야 한다. 주제와 상관없는 아이디어를 제출하려면 아이디어 제안자가 10달러를 내야 하며, 140자로 요약해서 제출하면 된다.

 이렇게 아이디어를 제출하면 수천 명의 회원이 이에 대해 냉철한 평가를 내린다. 그리고 투표를 통해 매주 가장 높은 점수를 받은 아이디어는 실제 제품으로 개발하게 된다. 이때 아이디어 제품이 개발되면 바로 대량 생산해 시중에 판매하는 것이 아니라, 회원들로부터 선주문을 받아 소량 판매해보고 반응이 좋으면 본격적인 제품 생산에 들어간다. 판매

부진에 따른 손실을 최소화하는 안전장치를 걸어놓은 것이다.

이렇게 제품을 판매해 매출이 발생하면 아이디어를 제출한 사람과 이익도 공유한다. 퀄키에 아이디어를 제안해 가장 많은 돈을 번 사람은 자케 지엔이라는 인물로, 둥글게 휘어지는 멀티탭인 '피봇 파워'를 개발하여 2012년 2월 말 기준으로 7만 656달러를 번 것으로 나타났다.

퀄키에서는 1년에 평균 60개의 제품이 출시되며, 연 100만 달러의 매출을 기록하고 있다. 제품 카테고리도 욕실욕품, 주방용품, 키즈용품, 여행용품 등 다양하다. 퀄키는 놀웨스트 벤처파트너와 RRE 벤처스로부터 1,600만 달러를 투자받는 등 총 2,900만 달러를 외부로부터 조달하는 데 성공하며 그 사업성을 인정받았다.

퀄키의 주요 특징

1. 아이디어 발굴, 제품 개발, 마케팅 및 판매 등 모든 프로세스를 크라우드소싱을 통해 진행

2. 매주 회원들로부터 최고의 평가를 받은 2개의 아이디어를 발굴하여 제품화
3. 가장 많은 돈을 번 회원 랭킹을 소개해 적극적인 참여 유도

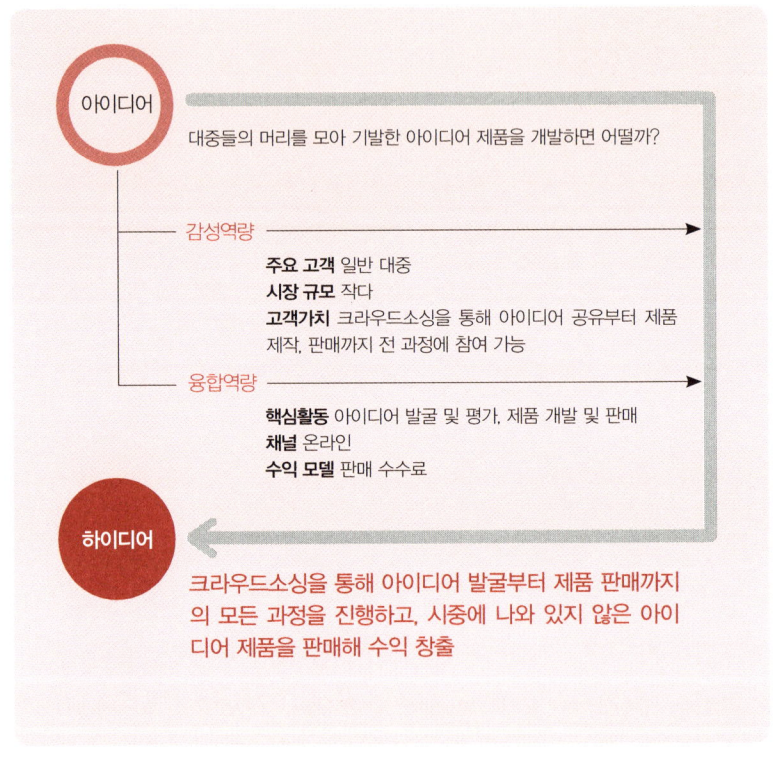

아이디어
대중들의 머리를 모아 기발한 아이디어 제품을 개발하면 어떨까?

감성역량
주요 고객 일반 대중
시장 규모 작다
고객가치 크라우드소싱을 통해 아이디어 공유부터 제품 제작, 판매까지 전 과정에 참여 가능

융합역량
핵심활동 아이디어 발굴 및 평가, 제품 개발 및 판매
채널 온라인
수익 모델 판매 수수료

하이디어
크라우드소싱을 통해 아이디어 발굴부터 제품 판매까지의 모든 과정을 진행하고, 시중에 나와 있지 않은 아이디어 제품을 판매해 수익 창출

학계에서 바라보는
비즈니스 모델의 정의

감성역량과 융합역량을 발휘해 만든 하이디어 모델은 빠른 시일 내에 기존 아이디어의 부족한 점을 보완하고 비즈니스에 적합한 사업 아이디어를 검토하는 데는 적합하지만, 회사 CEO나 임원들, 투자자 등 다른 사람들에게 공식적으로 보여주기에는 많이 부족한 것이 사실이다.

이때 도움이 되는 것이 마크 존슨, 클레이턴 크리스텐슨, 헤닝 카게르만 등이 〈하버드비즈니스리뷰〉에 발표한 논문 〈당신의 비즈니스 모델을 재발명하다Reinventing Your Business Model〉다. 비즈니스 모델의 정의에 관해 논의할 때 최근 가장 많이 인용되는 논문이기도 하다. 이 논문에서는 고객가치 제안, 이윤 공식, 주요 자원, 주요 과정 등 4가지 요소가 맞물려 비즈니스 모델을 구성한다고 정의하고 있다. 이에 따라 사업 모델을 점검해보면 어떤 부분이 부족한지 보완할 수 있는 좋은 기회가 될 것이다.

1. 고객가치 제안 customer value proposition

→ 현재의 방법대로 고객의 요구를 해결했을 때 고객의 만족도가 낮을 수록, 그리고 새로운 해결책이 현존하는 대안보다 훨씬 고객의 요구를 잘 충족시킬 수 있을수록, 고객가치 명제는 더 크다. 주요 3가지 요소는 다음과 같다.

1) 목표 고객 target customer: 타깃 고객이 누구인지 정의

2) 해야 할 일 job to be done: 타깃 고객을 위해 풀어야 할 중요한 문제나 핵심 욕구를 충족시키기 위한 임무

3) 제공 offering: 문제를 풀거나 욕구를 충족시켜주는 것. 무엇이 제공되었는가, 어떻게 그것이 제공되었는가를 의미

2. 이윤 공식 profit formula

→ 이윤 모델 profit model은 가격×수량으로 구할 수 있으며, 주요 3요소는 다음과 같다.

1) 비용 구조 cost structure: 직접 비용, 간접 비용, 규모의 경제. 비즈니스 모델이 필요로 하는 주요 자원들에 의해 결정됨

2) 마진 모델 margin model: 예상 판매량과 비용 구조가 주어졌을 때, 원하는 이익을 창출하기 위해 각 거래에서 요구되는 기여도

3) 자원 속도 resource velocity: 재고, 고정자산, 그리고 다른 자산들을 전환하여 예상 판매량과 이익을 이끌어낼 수 있는 속도

3. 주요 자원 key resources

→ 특정 고객에게 가치 명제를 제공하기 위해 요구되는 인력, 기술, 제

품, 시설, 설비, 유통 경로, 브랜드 등. 고객과 기업을 위한 가치를 만들어내는 주요 요소들이 어떻게 상호 작용하는지가 중요하다.

4. 주요 과정 key processes

→ 기업들이 가치를 성공적이고 지속적으로 창출하고 확대시키는 과정. 훈련, 개발, 제조, 예산 편성, 계획, 판매와 서비스, 기업 방침, 측정 방법, 규범 등이 이에 해당한다.

5 장

Switch high-idea

소셜, 스마트 시대가 열리며 과거에는 불가능했던 일들이 부쩍한 가치와 명분만 있다면 기능해졌다. 인터넷과 모바일, 그리고 소셜미디어를 통해 대중의 참여를 이끌어낸다면 작은

아이디어, 평범한 아이디어도 사회적으로 이미 있는 가치를 제공하는 하이디어로 거듭날 수 있다.

비즈니스
참여자의
역할을
바꾼다

"사업을 통해 수익도 창출하면서 사회에 의미 있는 기여를 할 수 있는 방법은 없을까?" 새로운 비즈니스 모델을 고민할 때 항상 드는 생각이다. 우리 회사가 하는 비즈니스 활동이 사회의 소외된 계층이나 취약 분야에 도움이 되거나 모두에게 유용한 공공재를 만드는 것이라면 명분도 있고 의미도 남다를 것이다.

이번 장에서는 대중의 참여를 통해 사회적으로 의미 있는 가치를 제공하는 하이디어 사례를 소개하고 있다. 생일을 맞은 친구에게 선물을 하는 대신 기부한 2만 원 남짓한 돈이 모여 아프리카 사람들에게 깨끗한 물을 제공하고, 내가 낸 쌈짓돈이 크라우드 펀딩을 통해 미래의 피카소를 꿈꾸는 미술 전공자가 새로운 작품을 만드는 데 보탬이 될 수 있다면?

소셜, 스마트 시대가 열리며 과거에는 불가능했던 일들이 뚜렷한 가치와 명분만 있다면 가능해졌다. 인터넷과 모바일, 그리고 소셜미디어를 통해 이제는 작은 아이디어, 평범한 아이디어도 따뜻한 사회를 만들어가는 위대한 하이디어로 전환될 수 있다. 이제 그 세계로 들어가 보자.

01

이곳에서는
나도
기상 캐스터!

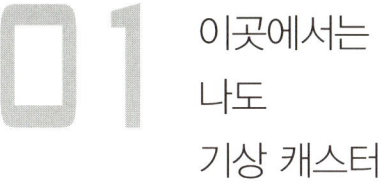

웨더뉴스
게릴라성 뇌우 방위대
www.weather-
news.jp

"이번 주말은 기분 좋은 산들바람이 불고 맑은 날씨가 계속돼, 나들이 계획하셔도 좋겠습니다."

이런 기상 캐스터의 말을 믿고 모처럼 외출했다 갑자기 비가 와서 어이없었던 기억, 다들 한 번쯤 있을 것이다. 최근 우리나라에도 기상이변이 잦아지며 기상청이 국민을 상대로 하는 '최고의 거짓말쟁이'라는 오명을 얻기도 했다. 이때 정확한 예보를 가로막는 한 축을 담당하는 것이 늘어난 '게릴라성 호우'의 발생 빈도다.

일본의 날씨정보 회사인 웨더뉴스는 집단지성의 힘으로 변화무쌍한 게릴라성 호우를 예측하는 하이디어 모델을 선보여 화제가 되고 있다. 이를 가능하게 한 주인공은 웨더뉴스가 운영하는 '게릴라성 뇌우 방위대'다.

웨더뉴스는 휴대폰으로 자사의 기상정보 서비스를 받는 월정액 315엔 유료 회원을 대상으로 게릴라성 뇌우 방위대 참가자를 모집한다. '대원'들은 웨더뉴스에 정보를 보고하는 대가로 기상정보와 함께 게릴라성 호우 경보를 자신의 휴대전화로 받아볼 수 있는데, 2010년 기준으로 그 수가 3만 명을 넘어섰다. 이를 통해 예측 불가능의 영역이라고 여겨졌던 게릴라성 호우를 70%가 넘는 확률로 예측하는 데 성공했다. 도쿄의 경우는 76.7%의 높은 적중률을 보이고 있다.

대원들은 구름 상태와 현재 날씨, 구름의 방향, 천둥소리의 유무, 피부로 느낀 감각 등과 함께 하늘 사진을 전송하는데, 이를 통해 게릴라성 호우가 발생할 것으로 의심되는 여러 징후들을 파악할 수 있다. '구름의 위치 특정이 어렵다'는 대원들의 의견을 반영해 나침반을 제공하여 정확한 구름의 방향을 보고할 수 있도록 하기도 했다.

경우에 따라서는 회사에서 방위 대원에게 보고를 재촉하는 경우도 있다. "대원이 있는 지역에서는 오늘 오후 게릴라성 뇌우가 발생할 가능성이 있으니, 하늘의 변화를 유심히 관찰해 보고하도록! 이상!" 이때 발신자 이름은 '게릴라성 뇌우 방위대 대장'이다.

이처럼 기상정보 회사인 웨더뉴스는 대중들로부터 수집한 정보를 이용해 기상 관측 레이더가 미처 파악하지 못했던 기상 변화를 포착하고, 휴대폰을 통해 예보하는 새로운 비즈니스를 만들어내는 데 성공했다.

웨더뉴스 게릴라성 뇌우 방위대의 주요 특징

1. 집단지성의 힘으로 날씨를 예측하고 휴대폰을 통해 회원들에게 즉시 전달
2. 기상레이더가 파악하지 못하는 지역별 게릴라성 호우 정보도 정확하게 예측
3. 충성도 높은 뇌우 방위대원 확보

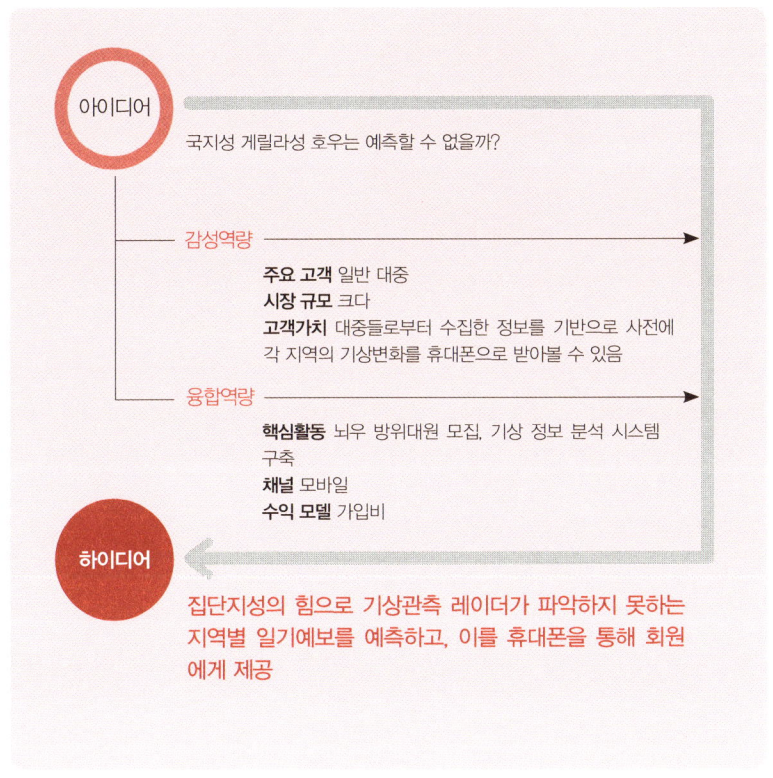

아이디어

국지성 게릴라성 호우는 예측할 수 없을까?

감성역량

주요 고객 일반 대중
시장 규모 크다
고객가치 대중들로부터 수집한 정보를 기반으로 사전에
각 지역의 기상변화를 휴대폰으로 받아볼 수 있음

융합역량

핵심활동 뇌우 방위대원 모집, 기상 정보 분석 시스템
구축
채널 모바일
수익 모델 가입비

하이디어

집단지성의 힘으로 기상관측 레이더가 파악하지 못하는
지역별 일기예보를 예측하고, 이를 휴대폰을 통해 회원
에게 제공

02

내가 심은
나무 한 그루가
사막화를
막는다면?

트리네이션
www.tree-nation.
com

트리네이션은 지구 온난화로 갈수록 심각해지는 사막화를 네티즌들의 힘으로 막아보자는 일종의 NGO 프로젝트다. 스페인 바르셀로나에 거주하는 20대 청년들이 의기투합해 만든 이 단체는 아프리카에 나무 심기 프로젝트를 진행하고 있다. 나무 가격은 우리나라 화폐 기준으로 아라비아 고무나무 1만 3,000원, 아카시아 나무 1만 6,000원, 그리고 《어린 왕자》에 등장해 유명해진 바오밥 나무는 15만 원 정도다.

개인 회원이 나무를 심는 방법은 간단하다. 아프리카 지도에서 나무를 심고 싶은 지역을 정하고 나무 금액을 계좌로 입금하면, 사이트 관계자가 회원이 지정한 지역에 가서 지역 주민들과 함께 나무를 심는다. 나무를 다른 사람에게 선물할 것인지 내 이름으로 할 것인지도 정할 수 있고, 메시지도 남길 수 있다. 또한 나무를 심은 지역의 GPS 좌표를 제공해 회원이 구글 어스를 통해 내가 선택한 지역에 숲이 우거지는 모습을 확인할 수 있다.

트리네이션에는 전 세계인들의 참여를 유도하는 다양한 프로젝트가 진행 중이다. 나이지리아 도소 지역에 나무로 하트 모양을 만드는 프로젝트는 2012년 한 해 동안 10만 그루의 나무를 목표로 시작된 이래 2월 말 벌써 4만 5,848그루를 심어 프로젝트 진도율 46%를 기록하고 있다.

트리네이션이 선보이는 게임의 법칙도 아주 독특하다. 개인뿐 아니라 기업 회원도 모집하고 있는데, 현재 약 140개의 기업이 파트너로 참여하고 있다. 특히 세계적인 경제주간지인 〈이코노미스트〉는 2009년 8월부터 유럽, 아프리카, 중동 지역에서 신규 가입자가 늘어날 때마다 나무 한 그루를 심는 운동을 하고 있다. 독자는 가입 관련 메일을 받게 되면 자신이 낸 돈의 일부로 심은 나무를 볼 수 있다.

지금은 많이 없어졌지만 한때 신문을 정기 구독하는 신규 독자에게 자전거나 뻐꾸기 시계 같은 사은품을 주던 시절이 있었다. 그에 비해 〈이코노미스트〉가 제공하는 독자 선물은 최고의 친환경 선물일 것이다. 〈이코노미스트〉는 2012년 1월 말까지 약 7만 9,012그루의 나무를 심었다.

매월 가장 나무를 많이 심은 기업 순위를 발표하는데, 기업 간 경쟁을 지켜보는 재미도 나름 쏠쏠하다. 2012년 1월에는 다이어리와 플래너를 만드는 쿼바디스 사가 2만 9,420그루를 심어 1위에 올랐다.

트리네이션의 주요 특징

1. 인터넷을 통해 아프리카에 나무심기 프로젝트 진행
2. 기업 회원을 유치하여 기업 차원의 환경보호운동 전개
3. 월별로 나무를 가장 많이 심은 개인과 기업 순위를 공개하여 경쟁 유도

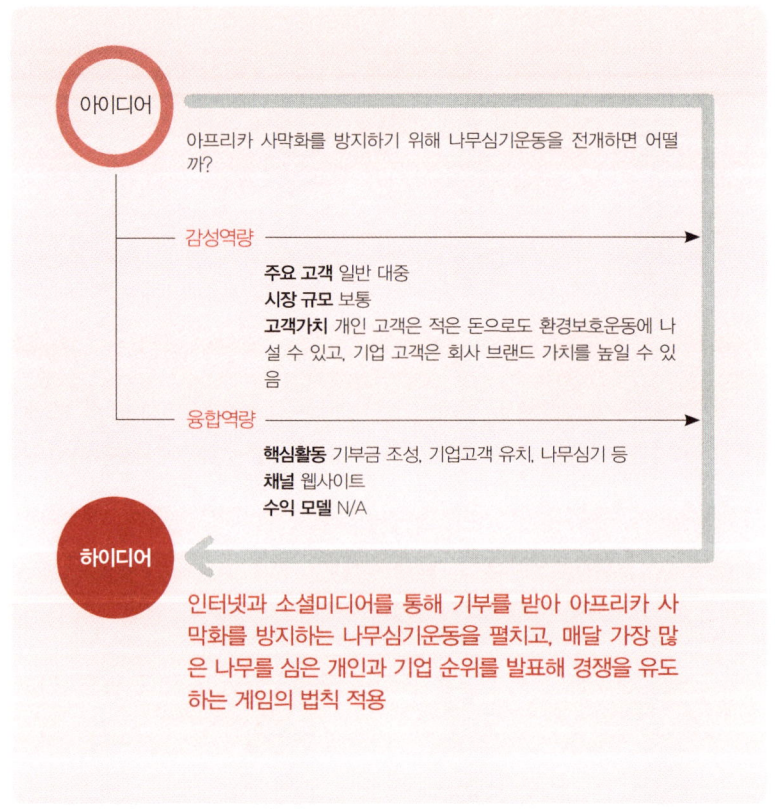

아이디어

아프리카 사막화를 방지하기 위해 나무심기운동을 전개하면 어떨까?

감성역량

주요 고객 일반 대중
시장 규모 보통
고객가치 개인 고객은 적은 돈으로도 환경보호운동에 나설 수 있고, 기업 고객은 회사 브랜드 가치를 높일 수 있음

융합역량

핵심활동 기부금 조성, 기업고객 유치, 나무심기 등
채널 웹사이트
수익 모델 N/A

하이디어

인터넷과 소셜미디어를 통해 기부를 받아 아프리카 사막화를 방지하는 나무심기운동을 펼치고, 매달 가장 많은 나무를 심은 개인과 기업 순위를 발표해 경쟁을 유도하는 게임의 법칙 적용

03 농어촌 자립을 돕는 꿀벌들의 모임,

허니비 네트워크
www.honeybee.
org

"꿀벌이 하는 일은 꽃에서 꿀을 따고, 이 꽃에서 저 꽃으로 꽃가루를 옮기는 것입니다. 꿀벌이 꿀을 따더라도 꽃은 자기 꿀을 빼앗겼다고 생각하지 않습니다. 사실, 꽃은 화려한 색으로 꿀벌이 찾아오도록 만듭니다. 꿀벌은 자신을 위해 모든 꿀을 따는 것이 아닙니다. (…) 이처럼 사람들에게서 배운 모든 것은 반드시 그 사람들의 언어로 그 사람들과 공유되어야 합니다." (2009년 11월 1일, 애닐 굽타 교수의 테드TED 강연 중에서)

인도의 비영리기관 SRISTI에서 운영하는 허니비 네트워크는 농부, 어부, 기능공 등이 생활 속에서 체득한 아이디어를 상업화해 그들에게 경제적 혜택을 제공하고 있다. 1993년 인도의 애닐 굽타 교수가 만든 이 단체는 농촌 지역의 생활 속에 숨어 있는 지식을 발굴하고 이를 여러 지역에 전파한다는 기치 아래 사회 지식인층과 정부의 참여를 이끌어냈다. 일종의 온라인 기반 새마을 운동과 같은 모델로 현재 7만 개의 아이디어가 등록돼 있고 이 중 수백 개가 상업화됐다.

실제로 인도에 사는 65세 아주머니가 진드기 제거에 사용하기 위해 직접 만든 순식물성 친환경 살충제는 허니비 네트워크를 통해 상용화되어 국가혁신재단에 특허를 신청한 상태다. 또한 '타와'라는 진흙으로 만든 프라이팬은 1달러도 안 되는 가격이지만 식용물질로 코팅돼 있어 친환경적이고 건강에도 해롭지 않다.

그렇다면 가난한 농어민들의 아이디어에서 나온 친환경 살충제나 친환경 프라이팬은 어떻게 상업화되었을까? 기관에 속해 있는 전문가들이 농어촌을 직접 방문해 현지인들의 아이디어를 발굴하고, 투자자를 유치하여 그들의 아이디어가 상용화될 수 있도록 지원하는 역할을 담당하고 있다. 무조건 퍼주기식의 지원이 아닌 농어촌의 자생력을 높이고 농어민들의 고유한 지식으로 생활할 수 있는 여건을 만든다는 점에서 허니비 네트워크의 비즈니스 모델은 매우 특출하다고 할 수 있다. 자세히 살펴보도록 하자.

허니비 네트워크의 주요 프로세스는 크게 7단계로 구성되어 있다. 첫째, 지식을 수집한다. 농부, 기능공, 장인, 여성 등 개인 및 지역 공동체의 생활 속 지식을 수집하고 이를 공용어로 정리한다. 이후 문서의 내용을 데이터베이스화하고 각 지역의 언어로 번역해서 배포하고 있다. 각 지역의 대학생, 농업학교 학생, 농촌 공무원 등이 농어촌 가정을 직접 방문해 지식을 발굴하고, 농촌 개발국 공무원, 교사 또는 문서화 전문가가 문서화를 담당한다. 이외에도 각 지역의 지식 수집자를 대상으로 콘테스트를 개최해 지식 발굴을 활성화하는 제도를 실시하고 있다.

둘째, 수집한 지식을 데이터베이스화해 저장한다. 문맹자들도 쉽게 이해할 수 있도록 멀티미디어 콘텐츠로 제작하고 있으며, 키오스크 단말기를 통해 지식 시스템에 접속하고 내용을 확인할 수 있도록 하고 있다.

셋째, 지식을 보급한다. 공용어인 영어로 정리된 지식을 다시 정보 제공자의 언어 및 각 지역의 언어로 번역한 뒤 공유하며, 정보 공유를 위해 웹사이트, 전시회 및 박람회, 뉴스레터 및 저널 등 다양한 수단을 활용하고 있다.

넷째, 발굴한 지식에 더 많은 가치를 부여할 수 있도록 추가적인 연구를 시행한다. 효능, 경제성, 유일성 등에 대한 리서치 및 조사, 대학 부설 농장에서의 현장 실험, 실험실 연구 등을 진행하고 있으며, 더불어 국제 디자인 학교와 인도델리공과대학을 통해 농기구 등에 대한 R&D를 실시하고 있다.

다섯째, 농민들이 낸 아이디어에 대해 특허 출원을 지원하고 출원 대상, 출원 시 이점 등 특허 출원에 관한 내용을 지역의 농민들이 쉽게 이해할 수 있도록 정보를 제공하고 있다.

여섯째, 보상을 시행한다. 개인 차원의 물질적인 보상과 비물질적인 보상, 공동체 차원의 물질적인 보상과 비물질적인 보상으로 나뉜다.

먼저 개인 차원의 물질적 보상은 개인에 대한 특허지원, 저작권, 상표 등록, 이용 수수료, 로열티, 금전적 보상 등의 방법으로 이루어진다. 그리고 개인 차원의 비물질적인 보상으로는 지식의 문서화, 미디어에 발명품 노출, 워크숍 및 박람회에서 발명자의 이름을 표기하는 것 등이 있다.

공동체 차원의 물질적인 보상으로는 지식을 제공한 단체 및 지역단위에 대해 리스크 펀드, 신탁자금, 개발 우선권을 제공하며 학교, 도로, 의료 서비스 등의 사회적 기본 시설을 뒷받침해준다. 공동 지적 재산권, 조직적 생산을 위한 지원 등도 제공한다. 공동체 차원의 비물질적인 보상으로는 지역 자원 활용에 대한 정책개발, 친환경 제품 개발 지원, 지역 공동체 홍보, 교육 등이 있다.

일곱째, 제품을 개발하고 상업화한다. 다양한 채널을 활용해 혁신 제품 및 지식에 대한 투자를 유치한다. 소자본 벤처 혁신 펀드Micro Venture Innovation Fund를 조성해 농민으로부터 나온 아이디어에 대해 초기 단계의 자금을 지원하고 있다.

애닐 굽타 교수는 어느 날 사무실에서 집으로 돌아가던 중 우연히 바라본 꿀벌을 통해 한 가지 사실을 깨달았다고 한다. "내가 꿀벌처럼 한다면 훌륭한 삶을 살 수 있다"는 것이었다. 이러한 그의 생각은 앞서 인용한 테드 강연에서도 엿볼 수 있다.

굽타 교수의 의지처럼 SRISTI 소속 전문가들과 자원봉사자들은 꿀벌처럼 인도 전역의 농어촌을 직접 방문해 생활 속 아이디어를 발굴하고 과학적 원리와 지식을 결합해 특허로 등록할 수 있도록 지원한다. 그리

허니비 네트워크 동영상 QR코드

고 여기서 발굴한 아이디어를 제품화하려는 투자자들을 직접 유치하고, 특허를 상용화하려는 기업들을 모집해 실제 가능한 일이 될 수 있도록 지원한다.

빈농貧農 등 사회적 약자의 아이디어를 사업화하고, 부富를 축적할 수 있도록 도와주는 데서 출발한 이 프로젝트는 기업에서 사회 공헌 프로그램을 운영하는 데도 영감을 주고 있다.

허니비 네트워크의 주요 특징

1. 농어촌에 사는 사람들의 생활 속 노하우를 개발해 상업화하는 프로젝트로 농어촌의 경제 자립도를 제고하는 데 기여
2. 전문가 및 자원봉사자가 각 지역을 돌며 '물고기 잡는' 법을 교육
3. 성공 사례 등을 담은 매거진 정기 발행

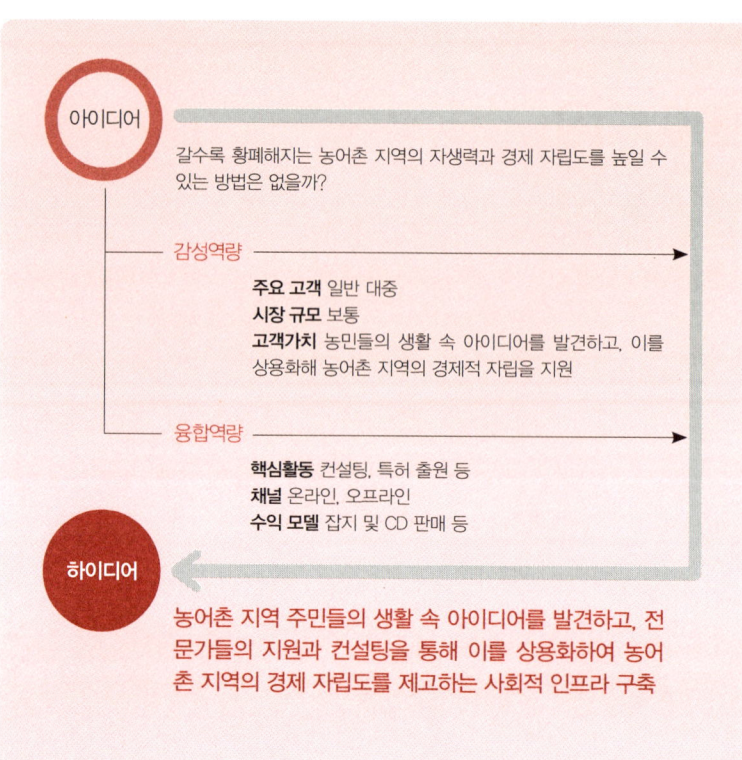

아이디어

갈수록 황폐해지는 농어촌 지역의 자생력과 경제 자립도를 높일 수 있는 방법은 없을까?

감성역량

주요 고객 일반 대중
시장 규모 보통
고객가치 농민들의 생활 속 아이디어를 발견하고, 이를 상용화해 농어촌 지역의 경제적 자립을 지원

융합역량

핵심활동 컨설팅, 특허 출원 등
채널 온라인, 오프라인
수익 모델 잡지 및 CD 판매 등

하이디어

농어촌 지역 주민들의 생활 속 아이디어를 발견하고, 전문가들의 지원과 컨설팅을 통해 이를 상용화하여 농어촌 지역의 경제 자립도를 제고하는 사회적 인프라 구축

04

내가 마신
한 병의 물이
다른 이의
생명수로
샘솟는 곳,

채리티워터
www.charitywater.
org

뉴욕에서 패션쇼 홍보 담당자로 일하던 스콧 해리슨은 아프리카로 떠난 봉사활동에서 깨끗한 물을 구하지 못해 고통받는 그곳 주민들의 비참한 실상을 목격하고, 자신의 재능을 소중한 생명을 구하는 데 쓰기로 결심했다.

그가 설립한 자선단체 '채리티워터'는 아프리카 주민에게 깨끗한 물을 제공하는 운동을 펼치고 있다. 이 단체는 설립 3년 만에 5만 명의 기부자와 1,000만 달러의 기부금을 모아 100만 명의 아프리카 주민에게 깨끗한 물을 조달하는 놀라운 성과를 보여 주었다.

32번째 생일을 맞은 9월생 스콧 해리슨은 친구들에게 자신의 생일 선물을 살 돈으로 기부를 해달라면서, 한 살에 1달러씩 계산해 32달러를 현금으로 받았다. 그리고 인터넷을 통해 다른 9월 생일자들에게도 동참을 호소했다.

이러한 '생일 마케팅'에서 출발한 채리티워터는 채리티워터 판매 마케팅도 펼치고 있다. '20달러로 아프리카 주민 한 명이 15년간 마실 물을 제공할 수 있다'고 호소하며 '채리티:워터Charity:Water'라는 이름의 생수를 한 병에 20달러에 판매하고, 여기서 발생하는 매출은 전액 아프리카에 기부하고 있다.

또한 채리티워터는 기부금으로 만든 우물에 기부자의 이름을 붙이고, 우물의 위치를 구글 어스를 통해 직접 확인할 수도 있게 한다. 그리하여 기부자에게 보람을 느끼게 하는 것은 물론 기부금을 투명하게 사용하고 있다는 사실을 널리 알리고 있다. 채리티워터의 이러한 노력은 참여자들의 많은 관심을 불러모아, 더욱 많은 사람들의 동참을 이끌어내는 힘을 발휘하고 있다.

채리티워터의 주요 특징

1. 생일을 맞은 사람들을 대상으로 한 '생일 마케팅'으로 아프리카에 깨끗한 물을 공급하는 프로젝트 진행
2. 페이스북, 유튜브 등 소셜네트워크서비스를 적극 활용한 홍보로 참여도 제고

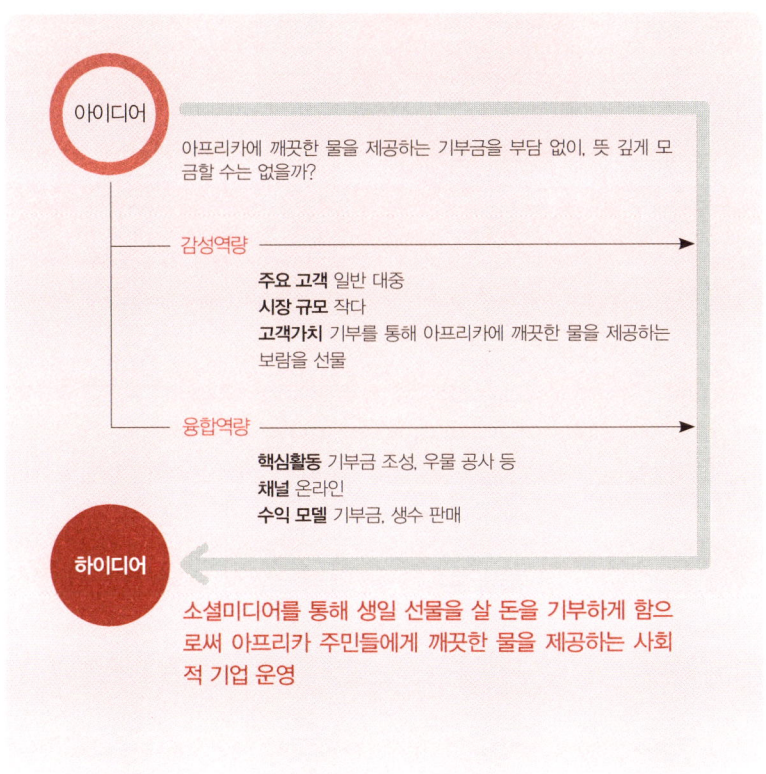

05 미디어 시장의
게임
체인저,

'콘텐츠 공장'으로 불리는 디맨드미디어는 분야별로
특화된 콘텐츠 사이트를 인수한 후 자사와 계약된 수
천 명의 프리랜서를 통해 엄청난 양의 콘텐츠를 쏟아
내고, 여기서 발생하는 트래픽을 광고 수익으로 연결
하는 하이디어 모델을 선보이고 있다.

　일반적인 미디어는 광고를 중심으로 콘텐츠를 만들
지 않는다. 콘텐츠가 좋으면 자동적으로 광고가 섭외
되는 방식인데, 디맨드미디어의 생각은 좀 다르다. 이
들은 인기 검색어를 통해 대중들이 관심 있는 이슈를
확인하고, 그 주제에 적합한 광고가 섭외될지 안 될지

디맨드미디어 홈페이지

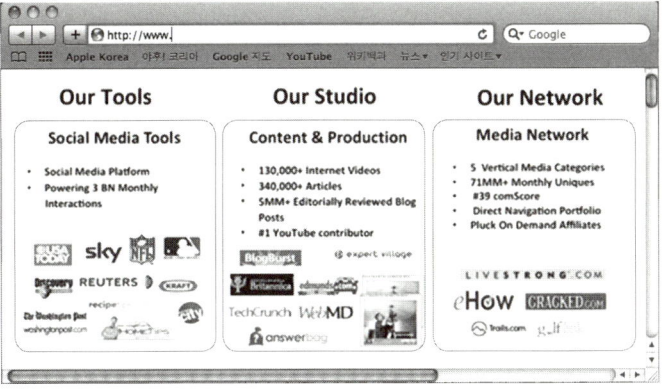

판단한 다음 수요와 공급이 맞으면 그때 콘텐츠 생산에 들어간다. 자사가 보유하고 관리하는 다양한 사이트에 주제를 올리고 프리랜서를 활용해 콘텐츠를 생산하는 방식으로, 소위 맞춤형 '콘텐츠 생산 공장'인 셈이다. 내부에 50명의 전문 편집진이 존재할 뿐 대부분의 콘텐츠 생산을 아웃소싱으로 해결하고 있다. 이는 광고보다 콘텐츠가 먼저였던 기존의 방식, 내부 기자들이 콘텐츠를 생산하는 기존의 방식을 확 바꾼 것이다. 가히 디맨드미디어는 미디어 시장의 '게임 체인저'라고 할 만하다.

디맨드미디어에 참여하는 프리랜서에는 크게 3가지 유형이 있다. 글을 쓰는 라이터writer, 동영상을 올리는 필름메이커film-maker, 그리고 라이터가 쓴 글을 편집할 수 있는 권한을 가진 카피 에디터copy editor다. 카피 에디터가 되려면 최소 2년 이상 신문, 잡지 등 매체사에서 편집자로 근무한 경력이 있어야 한다. 회사에 고용된 프리랜서 콘텐츠 제작자들은 자신의 전문 분야에 해당하는 웹사이트에 콘텐츠를 등록하고, 건당 10~20달러를 받는다.

디맨드미디어 모든 사이트의 월 방문자 수는 8,000만 명, 2010년 매출은 3억 1,400만 달러에 달한다. 또한 유튜브에 매월 1만~2만 개의 동영상 콘텐츠를 제공하고 있으며 유튜브에서만 일 평균 150만 페이지뷰를 기록하고 있다.

2011년 1월 25일 IPO를 한 디맨드미디어는 바로 다음 날 주식가치가 폭등하며 시가총액 19억 달러를 기록, 당시 시가총액 15억 달러인 〈뉴욕타임스〉를 앞질러 화제가 되기도 했다.

디맨드미디어가 인수한 주요 사이트

사이트 주소	주요 서비스	주요 특징
www.ehow.com	'~하는 방법'에 대한 사용자 제작 콘텐츠 제공 (키스하는 방법, 승진하는 방법, 고기 굽는 방법 등)	• '하우투'를 알려주는 웹사이트 중 1위 • 월 평균 방문자 수 4,300만 명 • 주 회원 연령은 25~49세
www.livestrong.com	건강, 다이어트, 영양식품 등에 대한 콘텐츠 제공	• 180만 명의 회원 보유 • 주 회원 연령은 18~44세
www.golflink.com	2만 개 이상의 골프장 코스 정보와 골프 팁 동영상 제공	• 회원의 절반이 연 300달러 이상을 골프 장비 구입에 지출 • 회원의 74%가 매주 골프를 즐김

디맨드미디어의 주요 특징

1. 아웃소싱으로 콘텐츠를 생산하고, 트래픽이 높아지면 광고를 게재해 수익 창출
2. 광고가 붙을 만한 콘텐츠를 집중적으로 생산하는 상업적인 콘텐츠 사이트 운영
3. 내부 기자들이 콘텐츠를 생산하는 기존 미디어 시스템을 뒤바꾼 역발상 사례

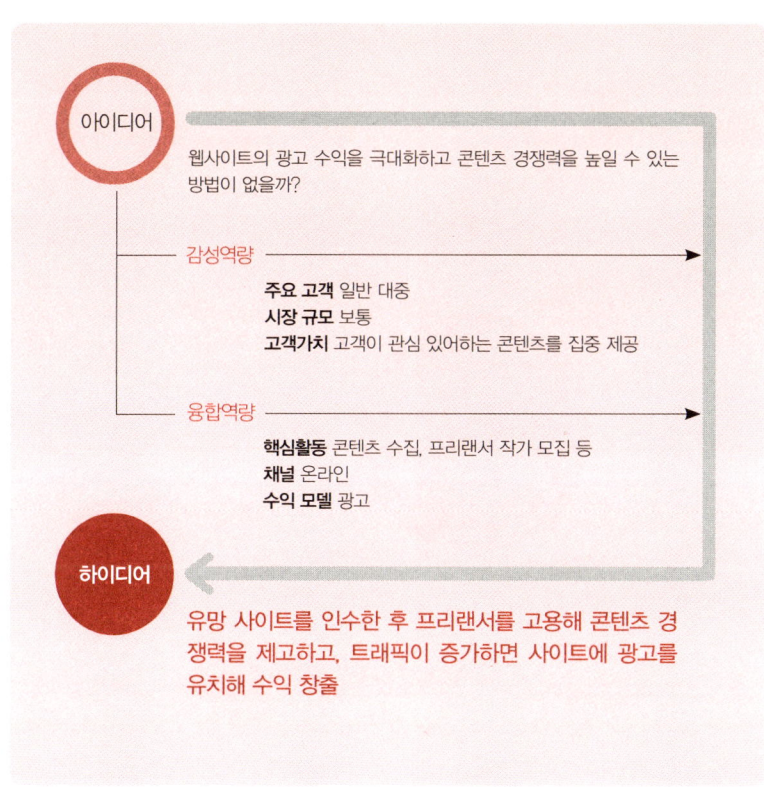

아이디어

웹사이트의 광고 수익을 극대화하고 콘텐츠 경쟁력을 높일 수 있는 방법이 없을까?

감성역량

주요 고객 일반 대중
시장 규모 보통
고객가치 고객이 관심 있어하는 콘텐츠를 집중 제공

융합역량

핵심활동 콘텐츠 수집, 프리랜서 작가 모집 등
채널 온라인
수익 모델 광고

하이디어

유망 사이트를 인수한 후 프리랜서를 고용해 콘텐츠 경쟁력을 제고하고, 트래픽이 증가하면 사이트에 광고를 유치해 수익 창출

06

택배기사 NO!
시민들이 직접
물건을
배달한다,

브링버디

직장인들은 대부분 매일 비슷한 시간에 같은 루트로 출근한다. 이러한 직장인들의 동력動力을 잘 활용하면 쓸모가 있지 않을까? 물류 회사인 DHL은 이러한 아이디어에 기반해 스마트폰을 활용한 크라우드소싱 물류 서비스를 런칭해 화제를 모았다. '브링버디Bring. BUDDY'라고 불리는 이 프로젝트는 독일 HPI 디자인 씽킹 대학에 재학중인 학생들이 고안하고 DHL이 후원한 프로젝트로, 2010 상하이 엑스포에서 큰 화제를 모으기도 했다.

　방법은 간단하다. 프로젝트에 참여하려면 스마트

폰으로 자기가 다니는 길에 배달해야 하는 물품이 있는지 확인한 후, 시내 곳곳에 설치되어 있는 DHL 물류보관 기기에서 물품을 수령해 정해진 장소에 갖다 주면 된다. 택배는 한 번에 배달될 수도 있고 장거리인 경우는 릴레이 형태로 몇 사람의 손을 거쳐 배송되기도 한다. 택배 배달을 마치면 일정 포인트를 얻게 되며 포인트는 교통카드를 충전하거나 카페에서 커피를 마시는 데 쓸 수 있고, 기부에도 참여할 수 있다.

시민들이 택배를 배달하기 때문에 교통 체증을 덜 수 있고, 대중교통을 이용하기 때문에 빠르고 친환경적이라는 것 또한 장점이다. 시민 입장에서도 어차피 가는 길에 택배를 배달하고 포인트도 얻을 수 있기 때문에 매우 긍정적이다. 물론 택배를 배달하는 시민이 물품을 가지고 조용히 사라질(?) 수도 있다는 위험이 있지만 말이다.

연말연시나 명절 시즌이 되면 우리나라 물류업체들은 비상이 걸린다. 이럴 때 브링버디와 같이 시민들이 출근길에 직접 물품을 배달하는 참신한 서비스가 도입된다면 어떨까?

브링버디의 주요 특징

1. 택배기사가 아닌 일반인이 휴대폰을 활용해 물품 배달
2. 배달을 마치면 포인트 점수를 받아 카페를 이용하거나 기부하는 데 활용할 수 있음

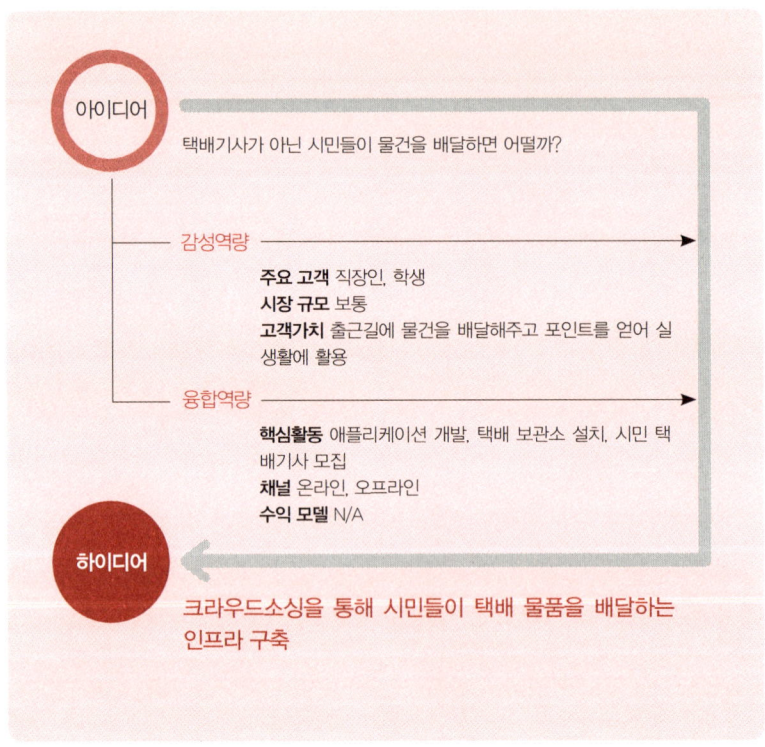

아이디어

택배기사가 아닌 시민들이 물건을 배달하면 어떨까?

감성역량

주요 고객 직장인, 학생
시장 규모 보통
고객가치 출근길에 물건을 배달해주고 포인트를 얻어 실생활에 활용

융합역량

핵심활동 애플리케이션 개발, 택배 보관소 설치, 시민 택배기사 모집
채널 온라인, 오프라인
수익 모델 N/A

하이디어

크라우드소싱을 통해 시민들이 택배 물품을 배달하는 인프라 구축

비즈니스 모델의 머스트 해브 아이템: 가치 테이블

새로운 사업 모델을 만들 때 첫 번째 단계는 우리 회사의 고객은 누구인지, 그리고 그 고객에게 제공할 가치가 무엇인지 정립하는 것이다. 간단히 말해 고객이 '누구who'인지 고객에게 '무엇what'을 제공할 것인지를 정하는 것이다. 그런데 여기서 주의해야 할 것은 '누구'를 확장하면 고객뿐 아니라 사업 참여자인 공급자와 파트너까지 포함되는 개념이 되는데, 한편으로는 이것이 목표고객과 세부시장으로 정교하게 분석되어야 한다는 점이다. '무엇'의 경우도 무형의 개념인 가치와 이를 구체화한 직접적인 제공 내용을 구분해 담을 수 있어야 한다.

여기서 사업주도자는 공급자와 협력자들에게 사업에 참여하면 얻게 되는 인센티브가 무엇인지, 우려사항은 없는지를 면밀히 분석해 설명해야 한다. 특히 가장 고려해야 할 부분은 우려사항이다. 모든 조건을 충족했다 하더라도 우려사항에서 문제점이 발생한다면 그 우려사항을 해결하든지, 아니면 다른 사업 모델을 검토하는 것이 대안이다.

이러한 비즈니스 모델을 구상할 때 고려해야 할 요소를 꼼꼼하게 체크하도록 돕는 것이 '가치 테이블'이다. 성공하는 비즈니스 모델의 '머스트 해브 아이템'으로 유용하게 활용할 수 있다. 이해를 돕기 위해 이번 장에서 소개한 허니비 네트워크 모델을 가치 테이블에 대입해보자.

허니비 네트워크의 가치 테이블

구분	역할	제공가치	인센티브	우려사항
사업주도자	자원봉사자와 농어민을 연결하는 코디네이터	가난한 농민들에게 경제적 자립성 기회 제공	사회적 명성	공정성 훼손 우려
협력자	번역, 문서 수집, 특허 자문, 펀딩	지식의 사회적 환원	농어민들의 아이디어를 사업화함으로써 이익을 창출하고, 대도시와 농어촌간의 양극화 해소에 기여	지나친 이윤 추구
농민	생활 속 아이디어 및 노하우 제공	경제적 자립성 확보	특허 사용료	기여에 대한 적합한 보상 체계 부재

만약 협력자인 자원봉사자나 전문가들이 농어민들로부터 얻은 아이디어를 빼앗아 자신의 이득을 취한다거나, 농어민들에게 정당한 보상을 하지 못한다면 이 모델은 성공할 수 없었을 것이다. 허니비 네트워크는 이러한 우려사항을 해결하는 대안을 마련했기에 전 세계 15개국이 참여하는 글로벌 플랫폼으로 확장할 수 있었다.

6 장

High-idea insight

"유능한 사업 모델 기획자는 모방하지만, 위대한 사업 모델 기획자는 훔친다." 여러 하이디어 모델에서 우리는 무엇을 훔쳐야 할까? 사업 참여자에게 어떤 가치안 인센티브를 제공

하는지, 사업의 주요 명분은 무엇이며 공격적으로 이룬고자 하는고자 하는지, 어떻게 수익을 창출하는지 살펴야 한다.

하이디어,
모방하지
말고
훔쳐라

하이디어 모델의 고갱이를 파헤쳐라

새로운 사업 모델을 기획하고 구체화하는 일은 어렵고 시간이 많이 걸리는 작업이다. 환경 분석부터 경쟁사 분석, 내부 핵심역량 분석, 고객 분석, 재무 추정 등 사전 작업에만 상당한 시간이 소요되기 때문이다. 하지만 하이디어 모델은 시간이 많이 걸리지 않는다. 좋은 아이디어가 있다면 감성역량과 융합역량을 통해 이를 진화시키고 가능성이 보인다면 실행에 옮기는 일만 남았다.

2~5장에 걸쳐 O.P.U.S와 관련된 다양한 하이디어 모델을 살펴보았다. 새로운 사업 모델을 구상할 때 이 책에서 소개한 39편의 하이디어 모델이 구사한 감성역량과 융합역량을 참조한다면 멋진 '작품'이 나올 수 있을 것이다.

이때 염두에 두어야 할 사실이 있다. 단순히 사업 모델의 껍데기를 모방하기보다는 성공한 사업 모델의 본질을 훔칠 필요가 있다는 것이다.

피카소는 "유능한 예술가는 모방하고 위대한 예술가는 훔친다"라는 명언을 남겼다. 비즈니스 세상에 이를 적용하면 "유능한 사업 모델 기획자는 모방하지만 위대한 사업 모델 기획자는 훔친다"는 말이 될 것이다.

그렇다면 앞서 소개한 39가지 하이디어 모델에서 과연 우리는 무엇을 훔쳐야 할까? 남에게서 무언가를 훔치려면 먼저 목록을 만들어야 한다.

첫째, 사업 참여자에게 어떤 가치와 인센티브를 제공하고 있나?

둘째, 사업의 주요 명분은 무엇이고 사업을 통해 궁극적으로 무엇을 이루고자 하는가?

셋째, 수익은 어떤 방식으로 창출하고 있나?

앞서 소개한 39개의 하이디어 모델에서 이 3가지 조건을 제대로 훔칠 수만 있다면 어떤 사업을 하든 성공의 문턱에 한 발짝 더 다가섰다고 할 수 있다.

그렇다면 좀 더 자세하게 이를 정리해보도록 하자. 하이디어 모델에서 훔쳐야 할 3가지 조건을 파악했다면, 앞서 소개한 39가지 모델의 공통점을 통해 이를 좀 더 구체적으로 풀어볼 수 있다. 이 책에서 소개한 하이디어 모델을 모두 벤치마킹할 필요는 없다. 하지만 이 하이디어 모델들의 공통점만은 반드시 기억해두는 것이 좋다. 이 공통점에 새로운 사업을 기획할 때 참고하면 반드시 도움이 될 하이디어의 핵심 내용이 담겨 있기 때문이다.

1. 시장점유율이 아닌 감성점유율 확대에 전념한다

나름대로 자신의 분야에서 성공한 하이디어 모델을 살펴보면 시장점유율보다는 고객의 감성을 터치하는 '감성점유율'에 집중한 사례가 유독 많다. 대표적인 경우가 아프리카에 우물을 만들어주는 사업을 진행한 '채리티워터'다. 채리티워터는 생일을 맞은 사람들에게 줄 선물을 살 돈으로 아프리카에 깨끗한 물을 제공하는 데 기여하자는 하이디어 모델로 사람들의 착한 마음을 어루만진다. 십시일반으로 예술가들의 꿈을 이뤄주는 소셜 펀딩 플랫폼 '킥스타터'도 예술가들의 꿈과 희망을 소개하며 사람들의 감성에 호소하고 있다. 신인 작가들의 미술작품만 소개하는 '아트폴리' 역시 작품을 팔지 못해 예술가의 꿈을 접어야 하는 신인 작가들의 고충을 소개하면서 대중의 마음을 움직인다.

이처럼 앞으로 각광받는 사업 모델은 고객의 마음을 얼마나 얻을 수 있는가가 승부처가 될 것으로 보인다. 지금 우리가 사는 이 시대는 마켓 쉐어가 아닌 '마인드 쉐어mind share' 또는 '이모셔널 쉐어emotional share'가 점점 더 중요해지는 세상이기 때문이다.

앞서 이야기했던 것처럼 유망한 사업 모델을 발굴하는 것은 고객의 마음속에 숨어 있는 감성을 찾는 것에서 출발한다. 제품이나 서비스의 기능적, 기술적 차별성에 호소하기보다 우리가 제공하는 제품과 서비스로 현재보다 더 발전된 사회를 만들 수 있다는 꿈과 명분을 제시해야 고객의 마음을 움직일 수 있다는 사실을 잊지 말자.

2. 내가 아닌 '우리'가 만들어간다

이제는 나 중심의 경제인 '미코노미me+economy'가 아닌 우리가 중심이 되는 '위코노미we+economy' 시대가 도래했다. 상품과 서비스에 대한 아이디어를 내부 직원이 아닌 고객과 함께 만들고 결과물을 공유하면서 이익을 함께 누리는 '우리 비즈니스 모델'이 각광받는 시대인 것이다.

고객이 직접 메뉴를 만드는 햄버거 가게 '포푸드', 집단지성의 힘으로 날씨를 예보하는 일본 '웨더뉴스 게릴라성 뇌우 방위대', 렌터카 업체에 가지 않아도 내 주변에 주차된 차를 원하는 시간만큼 빌려 탈 수 있는 '집카', 회원의 아이디어로 제품을 만드는 '퀄키' 등 내가 아닌 우리가 만들어가는 하이디어 모델이 셀 수 없이 많이 등장하고 있다.

이러한 비즈니스 모델이 성공하기 위해서는 참여에 대한 동기부여, 즉 고객의 자발적인 참여를 유도하는 '게임의 법칙'을 잘 만드는 것이 중요하다. 앞서 소개한 하이디어 모델이 구사하는 게임의 법칙을 살펴보면 다음과 같다.

하이디어 모델의 주요 게임의 법칙

구분	게임의 법칙
셀라밴드	'빌리버'라 불리는 팬들의 후원금으로 목표금액이 모이면 유명 디렉터와 스튜디오를 통해 음반을 발매하고, 공연 등의 수익금을 뮤지션, 빌리버, 셀라밴드가 나눠갖는 게임의 법칙 운영
킥스타터	미리 투자받을 금액과 기간을 정해놓고 정해진 기간 동안 목표금액을 채우지 못하면 프로젝트 종료
포푸드	내가 직접 만든 메뉴를 다른 사람이 주문하면, 메뉴 고안자인 나에게 25센트씩 적립
채리티워터	친구의 생일 선불 살 돈을 기부하도록 독려하고 소셜미디어를 통해 진파

라이브모카	원어민끼리 서로의 모국어를 무료로 가르쳐주고, 글로벌 인맥도 얻을 수 있는 네트워크 서비스 제공
씬토피아	정해진 기간 동안 가장 많이 살을 뺀 회원에게 상금을 몰아주는 방식
퀄키	매주 2개의 아이디어를 회원들로부터 공모하고 가장 좋은 평가를 받은 아이디어를 제품으로 개발하여 아이디어를 제공한 회원과 이익 공유

3. 강력한 양면시장을 구축한다

많은 하이디어 모델이 단기간 내 많은 참여자를 확보할 수 있었던 이유는 바로 네트워크 효과에 충실했기 때문이다. 설립 초기에는 가입자와 가입자 수를 매개로 하는 단면 플랫폼으로 출발했으나 중기 이후부터는 기업과 회원을 매개하는 '양면 시장'을 구축하기 시작했다. 그리하여 회원에게는 가치 있는 서비스를 무료로 제공하고, 광고주로 하여금 엄청난 수의 회원과 이들의 충성도에 매력을 느껴 소셜미디어 기업이 구축한 양면 시장에 참여해 기꺼이 광고를 집행하게끔 했다.

디지털 네트워크 경제에서는 소비자와 소비자, 생산자와 생산자, 그리고 소비자와 생산자 사이의 거래 관계들이 네트워크를 형성하게 된다. 네트워크를 경제적 관점에서 파악하면 이 또한 하나의 '자본'이다. 페이스북, 트위터 등 소셜미디어 기업들이 뚜렷한 수익 모델 없이도 전 세계적인 기업으로 성장할 수 있었던 이유는 차별화된 서비스를 통해 회원수를 단기간 내 대거 확보해 기존 회원과 신규 회원들을 모두 만족시켰기 때문이다.

기존 회원은 소셜미디어에 가입한 신규 회원을 통해 자신의 인맥을 전 세계로 넓힐 수 있고, 신규 회원도 소셜미디어 기업이 보유하고 있는 네트워크 자원이 거대하기에 자신에게 돌아오는 효용이 훨씬 커진다. 따라서 신규 가입자의 가파른 증가에 대한 피드백 효과가 생기고 이는 다시 기존 네트워크의 생산성을 높이며, 제품을 한 단위 더 생성하는 데 들어가는 비용, 즉 한계비용을 감소시키는 역할을 한다. 2012년 2월 기준으로 페이스북은 8억 5,000만 명이 활동하고 있고, 트위터는 4억 6,500만 개의 계정이 등록되어 있으며 액티브 사용자는 1억 4,000만 명이다.

4. 외부와의 연동 및 고객과의 소통을 강조한다

하이디어 모델을 구사하는 기업들은 외부와의 연결과 고객과의 소통을 매우 중요하게 여긴다. 특히 고객과의 소통을 위해 페이스북, 트위터 등 소셜미디어를 적극적으로 활용한다는 사실은 중요한 공통점이다. 이들은 소셜미디어를 통해 전 세계에 있는 고객을 만나고 이들을 자신의 팬으로 끌어들인다. 만약 포푸드나 채리티워터가 소셜미디어를 통해 고객과 소통하지 않고 기존의 햄버거 가게나 기부 재단과 같은 전통적인 방식의 사업 모델을 고집했다면 결코 지금과 같은 성과를 내지 못했을 것이다. 이처럼 고객과의 소통은 매우 중요한 기업의 자산이다.

컴퓨터 제조업체인 델도 소통과 열림의 철학을 통해 침체에서 벗어나 회생한 경우다. 2004년 CEO에서 퇴진했던 델 회장은 퇴임 이후 회사 실적이 계속 부진에 빠지자 2007년 2월 CEO로 전격 복귀했다. 그가 복귀 후 처음으로 진행한 프로젝트가 바로 내부 직원 및 고객과의 소통 강화였다. 델 회장은 내부 직원은 물론 외부 고객으로부터 아이디어를 얻는 '아이디어 스톰www.ideastorm.com'을 개설했는데, 사이트 오픈 5일 만에 아이디어 2,400여 건, 추천 12만 건이 등록되는 큰 성공을 거두었다. 델은 이 아이디어를 제품과 서비스 개선에 활용함으로써 다시 활력이 넘치는 회사를 만드는 데 성공했고 회사 실적 또한 크게 개선시켰다.

하이디어 기획자에게 필요한 역량

그렇다면 하이디어 모델을 만들기 위해서는 어떤 역량이 필요할까? 앞서 소개한 감성역량과 융합역량을 갖추기 위해서는 구체적으로 어떤 노력을 해야 할까? 나는 하이디어 모델 기획자라면 적어도 다음에 소개하는 5가지 역량을 갖춰야 한다고 생각한다.

1. 역발상력

보통 새로운 비즈니스가 세상에 나올 때 고객들은 대략 마음속에 가상의 메뉴판을 가지고 있다. 새로운 웹서비스라면 '음, 사람들을 끌어모아 광고 아니면 구독료로 돈을 벌겠지', 광고대행사라면 '광고 컨셉 잡아주고 매체 포트폴리오 짜주면서 기획료나 중개수수료를 받겠지' 하는 생각이 보통 고객들이 가진 예상 메뉴판이다. 그런데 이런 선입견을 통렬하게 깰 때, 무채색 아이디어나 비즈니스 모델에 식상함을 느끼는 고객들의 마음에 색색 빛깔의 꽃송이를 던진 것처럼 강렬한 인상을 남길 수 있다.

2. 레퍼런스 축적력

세상을 깜짝 놀라게 할 하이디어 모델을 기획하려면 먼저 기본기가 튼실해야 한다. 여기서 기본기란 다양한 지식의 레퍼런스를 축적하는 것을 의미한다. 지식의 레퍼런스는 우리 눈에 잘 보이지 않을 뿐 마치 산소처럼 어디에나 있다. 신문기사, 책, 방송, 인터넷, 지인과의 대화 등이 지식의 소스이자 레퍼런스다. 전문가는 도처에 널린 다양한 지식의 소스를 축적해놓고 있다가 이를 활용해 자신만의 멋진 요리를 만들어내지만, 비전문가는 지식의 소스가 도처에 있는데도 불구하고 나에게는 맛있는 요리를 만들 재료가 없다고 투덜거리기만 한다.

좋은 하이디어 모델을 기획하려면 자신만의 정보와 지식 소스를 차곡차곡 쌓아가야 한다. 물론 이 작업은 쉽지 않다. 1~2년으로 될 게 아니라 적어도 10년은 쌓아야 다양한 소스를 응용할 수 있는 노하우가 생기게 된다. 그렇다고 마냥 미룰 수는 없는 일. 오늘부터 틈나는 대로 관심 분야를 다룬 신문기사, 책, 방송물, 보고서 등을 컴퓨터 파일 형태든, 아니면 인쇄물 형태로든 모아두고 수시로 꺼내보면서 다양하게 새로운 비즈니스를 상상하고 체험해보자.

3. 아이디어의 융합력

지식의 소스가 많다고 해서, 또는 누군가와 똑같은 지식의 소스를 가졌다고 해서 누구나 다 성공하는 비즈니스 모델을 만들어낼 수는 없다. 서초동에 사는 홍길동 씨가 페이스북으로 일약 제2의 빌 게이츠로 떠오른 마크 주커버그와 같은 학교를 나오고 똑같은 사업 아이템을 가졌다고 과연 페이스북과 같은 성공을 거둘 수 있을까? 아마도 아닐 것이다.

위대한 하이디어 모델을 만들기 위해서는 내가 가진 지식의 소스 중에서 궁합이 맞는 아이템을 엮어낼 수 있는 상상력과 창의력이 필요하다. 대부분 기업에서는 새로운 비즈니스를 기획할 때 세상에 없는 것을 만들어내려고 고민하는데, 그것보다는 기존에 존재하는 2~3가지 하이디어 모델을 융합해 새로운 가치를 만들어내는 역량이 더 절실하다.

4. 남다른 창의성

하이디어 모델의 기획자가 갖춰야 할 기본기는 창의성이다. 언젠가부터 여기저기서 창의성의 중요성에 대해 강조하고 있다. 대기업들도 직원들의 창의력을 강화하기 위해 많은 노력을 기울인다. 국내 주요 대기업 인사 담당자를 대상으로 원하는 인재상에 대해 조사한 결과 '국제감각과 역량을 갖춘 글로벌 인재'와 '창의적, 창조적 인재'를 가장 선호하는 것으로 나타났다고 한다.

하지만 국내 대기업의 근무환경상 창의적인 인재가 출현하기를 기대하기란 어려운 것이 현실이다. 매일 같은 시간에 같은 장소로 출근하고 같은 직원들과 만나는 상황에서 창의성이 싹트기를 기대하는 것은 어불성설이다.

창의성은 기존의 방식에서 탈피하는 일탈에서부터 시작된다. 기존의 일상적이고 반복적인 관습에서 벗어나 이질적인 것, 처음 보는 것, 새로운 것과 충돌할 때 비로소 창의적인 무언가가 나오는 것이다. 다람쥐 쳇바퀴 굴러가는 반복적인 일상에서는 세상을 깜짝 놀라게 만드는 하이디어 모델을 탄생시킬 수 없다.

5. 말보다 실천, 실행력

'돌다리도 두드려 보고 건너라'는 속담이 있다. 대규모 투자를 하거나 수십억 원이 들어가는 신규 사업을 할 때는 돌다리가 아닌 쇠다리도 두드려 보고 가야 할 정도의 디테일한 사업계획과 다양한 시뮬레이션이 필요하다. 그러나 지금은 하이디어 모델과 약간의 자본만 있으면 큰 투자 없이도 사업을 시작할 수 있는 스마트 비즈니스 시대가 도래했다.

세계 2위 소셜커머스 업체인 리빙소셜에 매각돼 화제를 모은 티켓몬스터도 창업 자금은 500만 원에 불과했다고 한다. 만약 티켓몬스터가 중장기 매출계획 같은 구체적인 사업계획안을 만드는 데 몇 개월을 소비했다면 리빙소셜에 매각된 주인공은 티켓몬스터가 아닌 다른 업체였을 것이다.

이처럼 스마트 시대에는 하이디어 모델과 창업자의 열정이 있다면 바로 실천에 옮기는 실행력이 무엇보다 중요하다. 어차피 나중에는 맞지도 않을 3년 후 매출이나 추정 손익계획을 세우느라 계산기를 두드리고 있다가는 누군가가 나와 같은 모델로 치고 나올지 모르기 때문이다. 다시 말하지만 스마트 비즈니스 시대는 "누가 먼저 아는가?"보다 "누가 먼저 하는가?"가 중요하다. 옛말에 '시작이 반이다'라는 속담이 있다. 좋은 아이디어가 있다면 적어도 한 달 안에 아무리 작은 것이라도 다음 단계로 진행해야 한다. "해야 되는데…"를 반복한다고 결과가 나오지는 않는다.

끝으로 아일랜드에서 전해 내려오는 이야기 중에 재밌는 것이 있어 소개한다.

한 가난한 남자가 수개월 동안 한 번도 빠지지 않고 성당에 가서 기도를 했다. "하느님, 제발 저에게 복권 1등에 당첨되는 은총을 베풀어주세요." 계속되는 그의 청원에 지친 신이 드디어 모습을 나타냈다.

"오, 아들아… 제발 복권부터 사고 나서 기도해라."

투석문로,
주저 말고 뛰어들어라!

"이 세상에서 절대 변하지 않는 사실은 세상은 끊임없이 변하고 있다는 것이다."

약 2,500년 전 그리스의 철학자 헤라클레이토스는 이렇게 말했다. 하지만 아직까지 많은 기업들이 기존의 방식을 버리지 못해 시장이나 고객이 원하는 방향으로 변모하지 못하고 있다.

오늘날 기업에 가장 위험한 것은 과거에 해왔던 일을 반복해서 하는 것이다. 과거의 사업 모델에만 안주하다가는 존폐 위기에 빠져들고 말 것이다. 개인 컴퓨터 시대의 도래를 예측하지 못하고 다수의 사용자가 함께 쓰는 메인 프레임 컴퓨터만 고집했던 IBM이 그러했고, 닌텐도 위를 선보이며 혁신의 대명사로 떠올랐던 닌텐도 역시 휴대용 게임기인 닌텐도 DS가 아이폰 등 스마트폰에 밀리면서 2011년 사상 최대인 650억 엔의 적자를 기록했다. 이처럼 과거의 영광만을 고집하고 새로운 변화를 거부하는 기업들이 '치타처럼 빠르고, 사자의 이빨처럼 날카로우며 매의 눈초리만큼 매서운' 경쟁 기업들에 의해 몰락하거나 인수된 사례는 수도 없이 많다.

이 책에서는 39개의 하이디어 모델을 소개하면서 이들이 어떤 아이디어에서 시작해 어떻게 자신만의 하이디어 모델을 만들어갔는지 살펴보았다. 주로 해외에서 인기 있는 사업 모델을 소개했는데, 이를 모방해 사업을 시작하라는 의도는 결코 아니다. 되돌아보면 스마트 열풍이 시작된 지 3~4년이 지난 지금, 안타깝게도 국내에서 새로운 사업 모델이라고 소개되는 대부분의 아이템은 해외에서 이미 성공한 모델을 그대로 베낀 것이 많다. 창업자도 해외 모델을 벤치마킹했다며 자랑스럽게 이야기하고, 언론도 이를 과대 포장해 '한국의 빌 게이츠 출현', 또는 '한국판 스티브 잡스 탄생'이라는 자극적인 제목을 붙인다.

그러나 이런 기사 제목은 다시는 나오지 않았으면 한다. 사업 아이템의 외형은 누구나 베낄 수 있을지 몰라도 기업가 정신, 직원들의 열정, 고객가치, 기업 문화 등은 절대 모방할 수 없기 때문이다. 그래서 이 책을 쓰면서 각자 자신의 분야에서 성공한 기업들이 고객들에게 제시한 명분은 무엇인지, 고객에게 어떤 가치를 제공했는지, 그리고 어떤 게임의 법칙을 통해 고객의 참여를 이끌어냈는지, 비즈니스를 통해 이루고자 하는 것은 무엇인지 소개하는 데 가장 많은 공을 들였다. 바로 이런 요소들이 사업 성공의 키포인트이자 하이디어 모델의 핵심이기 때문이다.

이 책을 쓰면서 새삼 깨닫게 된 사실은 새로운 사업을 시작하는 데 아이디어는 사실 큰 비중을 차지하지 않는다는 것이다. 누구나 생각할 수 있는 아이디어도 이를 구상한 사람이 가지고 있는 패를 어떻게 치느냐에 따라 10점이 될 수도, 100점이 될 수도 있다.

성공하는 비즈니스 모델은 고객에게 차별화된 가치를 제시하고 이들이 자발적으로 참여할 수 있는 동기부여, 즉 '게임의 법칙'을 잘 설계했다는 공통점이 있다. 하지만 안타깝게도 대부분의 사업계획서를 보면 시장조사와 경쟁자 분석, 마케팅 계획에만 치중돼 있고, 또 이것을 하기 위해 소요되는 비용은 얼마이며, 이를 통해 몇 년 후 얼마를 벌 수 있다는 막연한 숫자만 가득하다. 정작 가장 중요한, 고객을 우리 회사의 '팬'으로 만들 수 있는 방법에 대해서는 언급하지 않고 있다.

이 부분을 놓치지 않고 파고드는 것이 하이디어 모델의 강점이다. 고객이 불편해하고 아파하는 것은 무엇인지, 그것을 어떻게 해결해줄 수 있는지 따뜻하고도 냉철한 시각으로 판단해 고객을 팬으로 만드는 것, 그리하여 사업 모델의 성공 가능성을 높이는 것이 하이디어의 전략이다. 이 책에서 소개한 다양한 사례를 통해 이에 대한 인사이트를 얻을 수 있기를 소망한다. 다양한 사례에 대한 심도 깊은 토의는 내가 운영하는 하이디어 모델 웹사이트 highidea.wordpress.com에서 진행되길 바란다.

끝으로 이 책이 세상에 빛을 보기까지 도움을 주신 멘토가 계시다. 강신장 전 세라젬 부회장님을 만나지 못했다면 이 책은 절대 나오지 못했을 것이다. 이분은 나에게 비즈니스 모델이라는 새로운 세상을 소개하고 인도해주신 은인이다. 지면을 빌려 진심으로 감사의 말씀을 드린다. 아울러 사랑하는 가족과 삼성경제연구소 지식경영실 선후배님, SERI CEO 김춘영 PD님, 투이컨설팅 김인현 대표님과 로아컨설팅 김진영 대표님, 그리고 쌤앤파커스에도 무한한 감사의 말씀을 드린다.

이승준

참고문헌

1장

Joan Magretta, "Why Business models matter?", 〈Harvard Business Review〉, 2002.05.
셀라밴드 홈페이지 www.sellaband.com
Paul Timmers, "Business models for Electronic Markets", 〈Electronic Markets〉, 1998.
Bala Iyer, Thomas Davenport, "Reverse Engineering Google's Innovation Machine", 〈Harvard Business Review〉, 2008.04.

2장

플락소 홈페이지 www.plaxo.com
블랙삭스닷컴 홈페이지 www.blacksocks.com
랭킹랭퀸 홈페이지 www.ranking-ranqueen.net
밀리언달러홈페이지 www.milliondollarhomepage.com
포켄 홈페이지 www.poken.com
체그 홈페이지 www.chegg.com

저스트앤써 홈페이지 www.justanswer.com
사운드바이블 홈페이지 www.soundbible.com
슈대즐 홈페이지 www.shoedazzle.com

3장
———

디엔에이 홈페이지 www.dena.jp
모바게 홈페이지 www.mbga.jp
플레이스바인 홈페이지 www.placevine.com
킬러스타트업 홈페이지 www.killerstartups.com
소프트뱅크 뷴 홈페이지 www.viewn.co.jp
마가스토어 홈페이지 www.magastore.jp
스크라이브드 홈페이지 www.scribd.com
바이미닷컴 홈페이지 www.vaimi.com
아트폴리 홈페이지 www.artpoli.com
애드몹 홈페이지 www.admob.com
라이브모카 홈페이지 www.livemocha.com
버치박스 홈페이지 www.birchbox.com
킥스타터 홈페이지 www.kickstarter.com

4장
———

키즈앤컴퍼니 홈페이지 www.kidsandcompany.ca
집카 홈페이지 www.zipcar.com
넷플릭스 홈페이지 www.netflix.com
쿠오라 홈페이지 www.quora.com

빌쉬링크 홈페이지 www.billshrink.com
앤시스트리 홈페이지 www.ancestry.com
23앤미 홈페이지 www.23andme.com
씬토피아 홈페이지 www.thintopia.com
플립보드 홈페이지 www.flipboard.com
퀄키 홈페이지 www.quirky.com

5장
———

웨더뉴스 홈페이지 www.weathernews.jp
트리네이션 홈페이지 www.tree-nation.com
허니비 네트워크 홈페이지 www.honeybee.org
채리티워터 홈페이지 www.charitywater.org
디맨드미디어 홈페이지 www.demandmedia.com
HPI 디자인씽킹 대학 홈페이지 www.hpi.uni-potsdam.de/d_school/home.html
Mark Johnson, Clayton Christensen, Henning Kagermann, "Reinventing your business model", 〈Harvard Business Review〉, 2008.12.

오리진이 되라
강신장 지음 | 14,000원

더 나은 것이 아니라, 세상에 없는 것을 만들어라! 창조의 '오리진'이 되어 운명을 바꿔라! CEO들을 창조의 바다로 안내한 SERI CEO, 그 중심에 있던 강신장이 말하는 세상에서 가장 맛있는 창조 이야기. 이제 세상을 다르게 보는 길이 열린다! (추천 : 읽기만 해도 창조의 영감이 솟아오르는 텍스트를 기다려온 모든 이들을 위한 책)

비즈니스 플레이그라운드
데이브 스튜어트 외 지음 | 한상석 옮김 | 16,000원

창조적인 사람과 조직은 '노는 법'부터 다르다! 당신의 창조적 직감과 통찰을 깨워줄 12가지 크리에이티브 플레이! 이 시대 최고의 크리에이티브 구루이자 이노베이터, 데이브 스튜어트가 알려주는 세계 최고 수준의 '창조 + 혁신' 노하우를 배워보자. 픽사, 구글, IDEO도 부럽지 않은 기상천외한 비즈니스 플레이가 펼쳐진다.

비즈니스 씽커스
라이머 릭비 지음 | 박선령 옮김 | 16,000원

세상을 놀랍게 하고 변화를 이끌어내는 아이디어는 어떻게 생겨나는가? 이 책은 비즈니스의 경계를 뛰어넘어 우리 삶의 모습까지도 송두리째 바꿔놓은 28명의 게임체인저들을 소개한다. 수많은 실패와 좌절 속에서도 탁월한 성취를 이뤄낸 사람들! 비즈니스의 망망대해에서 끌어올린 혁신적 마인드와 성공의 조건이 펼쳐진다.

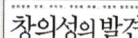

소크라테스와 CRM
김영걸 · 트위터 수강생들 지음 | 14,000원

세계 최초의 트위터 강의! 대한민국 최고의 CRM 전문가가 질문하고 현장에서 발로 뛰는 CRM 고수들이 답한다! 충성고객을 확보하고자 하는 모든 이들에게, 이 책은 가장 핵심적인 전략과 가장 최신의 전술을 함께 전해줄 것이다. (추천 : 고객과의 관계 함수를 생생한 현장사례로 풀어보고자 하는 이들을 위한 책)

창의성의 발견
최인수 지음 | 16,000원

'한국적 창의성' 연구의 선두주자 최인수 교수가 밝히는 한국인을 위한 창의성 업그레이드 프로젝트! 창의성에 대한 철저한 분석과 흥미로운 예시로 가득한 이 책은 '한국인의 창의적 지혜'란 무엇인가를 생각해보는 마중물의 역할을 할 것이다. (추천 : 누구나 원하지만, 아무도 알지 못하는 창의성의 본질을 이해하고 적용하려는 이들을 위한 책.)

혼·창·통 :당신은 이 셋을 가졌는가?
이지훈 지음 | 14,000원

세계 최고의 경영대가, CEO들이 말하는 성공의 3가지 道, '혼(魂), 창(創), 통(通)'! 조선일보 위클리비즈 편집장이자 경제학 박사인 저자가 3년간의 심층 취재를 토대로, 대가들의 황금 같은 메시지, 살아 펄떡이는 사례를 본인의 식견과 통찰력으로 풀어냈다. (추천 :삶과 조직 경영에 있어 근원적인 해법을 찾는 모든 사람)

이기는 습관
전옥표 지음 | 12,000원

애니콜, 하우젠 신화를 만든 마케팅 달인이자, 꼴찌조직을 1등으로 끌어올린 명사령관 전옥표가 말하는 '총알같은 실행력과 귀신같은 전략으로 뭉친 1등 조직의 비결'. 동사형 조직, 지독한 프로세스, 규범이 있는 조직문화 등 실천적인 지침을 담았다.(추천 : 경영자에겐 조직단련의 방법론, 직원에겐 행동강령을 제시해줄 일터의 필독서)

일본전산 이야기
김성호 지음 | 13,000원

장기 불황 속 10배 성장, 손대는 분야마다 세계 1위에 오른 '일본전산'의 성공비결. 기본기부터 생각, 실행패턴까지 모조리 바꾼 위기극복 노하우와 교토식 경영, 배와 절반의 법칙 등 '일본전산'의 생생한 현장 스토리가 우리들 가슴에 다시금 불을 지핀다.(추천 : 감동적인 일화로 '사람 경영'과 '일 경영'을 배운다.)

우리는 그들을 신화라 부른다
조미나 (IGM세계경영연구원 교수) 외 지음 | 17,000원

한미글로벌, 휴맥스, 메가스터디, 락앤락, 오스템 임플란트 등의 국내기업부터 벨킨, 산리오, 크록스, 러쉬 등의 해외기업까지 22개 강소기업들의 위기 극복 전략과 성공 경영 비화. 각 기업의 CEO와 주요 실무자들을 직접 인터뷰한 살아 있는 정보들이 수록되어 있다. (추천 : 변화와 혁신의 계기를 갈구하는 소상공인과 중소기업의 CEO들)

스마트 모바일 마케팅
후지타 아키히사, 시노자키 이사오 지음 |
한국생산성본부모바일생산성추진단 옮김 | 13,000원

스마트폰, 태블릿 PC, 트위터… 모바일 열풍이 세상을 휩쓸고 있다! 새로운 고객으로 등장한 스마트 유저들을 사로잡기 위해 우리가 취해야 할 전략은? SNS에서 위치정보서비스까지, 모바일 마케팅의 모든 것을 전한다. (추천 : 모바일이 낳은 비즈니스 기회를 낚아채고자 하는 이들이나 기업의 마케팅 담당자들을 위한 책)